小学館文庫

荒野の古本屋

森岡督行

小学館

荒野の古本屋

森岡督行

荒野の古本屋

目次

目次

1 「本」と「散歩」の日々

2 「一誠堂書店」の日々

3 「森岡書店」の日々

文庫版のまえがき

私は現在、銀座で、一冊の本を売る「森岡書店《もりおか》」という店を経営しています。正確には、一種類の本から派生する展覧会を行いながら、その本を販売する書店です。

本書には、神田神保町《かんだじんぼうちょう》の一誠堂《いっせいどう》書店に就職した一九九八年前後から、二〇〇六年の茅場町《かやばちょう》での森岡書店開業を経て、二〇一三年までに私の身のまわりに起こったことを書きました。いま読み返しても、どたばたの連続で、こうしたらいいよと、昔の自分にアドバイスをしたくなります。

私は、その後、二〇一五年五月に森岡書店を銀座に移転し、「一冊の本を売る書店」という新しいコンセプトに取り組みました。実は、このアイデアを思いついたのは、茅場町で独立して間もないころでした。一冊のためにお客さんが足を運んでくださり、著者や編集者が読者と言葉を交わし、喜びを分かち合う。その光景に立ち会ううちに、一冊だけあれば充分なのではないか、と考えるようになりました。

独立してから一〇年目をむかえようとしていた二〇一四年。次の一〇年は新しいことに取り組んでみようと考えていたとき、このアイデアを思い出しました。しかし、何人かに相談してみても、芳しい返事はほとんどありませんでした。取り次ぎの問題や、販売しても一度にたくさん売るのはむずかしいなど、自分で考えても、もっともな意見がよせられました。

その後、一緒に「一冊の本を売る」書店を実現化していくことになる、「スープストックトーキョー」の創業者でスマイルズ代表の遠山正道《とおやままさみち》さんと出会ったのは、二〇一四年九月、表参道のＴａｋｒａｍ《タクラム》で開催されたイベントに参加したときでした。新しいビジネスを提案するというイベントで、Ｔａｋｒａｍのコンテクストデザイナー渡邉《わたなべ》康《こう》太郎《たろう》さんが誘ってくれました。ちょうど遠山さんの著書の『やりたいことをやるというビジネスモデル』を読んでいたので、遠山さんにもこの考えを聞いてほしいと思っていました。遠山さんなら別の視点があるのではないかと期待しながらプレゼンすると、遠山さんは、「おもしろい。プレゼン用紙に今日の日付を入れておいて」と言いました。遠山さんは、スープストックトーキョーをつくった理由の一つに、「家族（娘さん）のためもあって」と述べていました。家族のために行ったことがビジネスとして多くの人々の共感を得ていることに惹《ひ》かれていました。

そこから実現に向けての打ち合わせが始まりました。スマイルズの中目黒の事務所で、はじめて会議をしたときは、事業としての甘さを指摘されました。次はもうないと思っていたところ、最後に遠山さんが「次はいつやる」。どうしたらこのコンセプトで利益が出るのか、自分なりに考えを巡らしました。

そんな折、銀座一丁目にある鈴木ビルの一階が賃貸物件として出て来ました。このビルは日本の出版の礎を築いたと言っていい日本工房《にっぽんこうぼう》が戦前に入居していたところ。物件のおかげでイメージがぐっと広がりました。具体的な光景が目の前に見えて、一年間の展示販売会の予定を組むことができました。そして、このタイミングで森岡書店を株式会社にしました。

渡邉さんと出会ったのは、レナード・コーレン氏の『わびさびを読み解く』がきっかけでした。編集者の吉田知哉《よしだともや》さんが、同書を出版する際、巻末エッセイを私と渡邉さんに依頼し、原稿のラフを確認する過程で、渡邉さんのことを知りました。渡邉さんには、森岡書店のロゴマークのデザインとブランディングをお願いしました。そう考えると、「本」がきっかけとなって人と出会い、それが今の森岡書店をかたちづくったと言えます。

「一冊の本を売る書店」というコンセプトは、日本だけでなく世界の国々から関心をあつめ、予想以上の反響がありました。このコンセプトを迷うことなく実現しようと思えたのは、紛れもなく、本書に書いた、本屋として一五年ほどの経験があったからだと思っています。

はじめに

この度は本書を手にとっていただきありがとうございます。森岡《もりおか》書店という屋号で古本屋とギャラリースペースの運営を行っております、森岡督行《よしゆき》と申します。

本書は、まもなく二一世紀をむかえようとしていたころ、大学卒業後の一年間を、就職することなく、その日暮らしをおくっていたところから話がはじまります。就職しなかったのは、それでも食べてゆける素《そ》封《ほう》家《か》のもとに生まれたからというわけではありません。むしろカネはつねに切実な問題で、就職に背を向ける立場にはありませんでした。なのになぜそうしていたか。理由は二つありました。

一つは、ただただ、「社会」に反目していたことによります。「社会」といっても漠然としていますが、当時の私は環境問題に関心があり、就職にともなうあらゆる経済活動は、地球の温暖化やオゾン層の破壊につながるのではないか、という考えを持っていました。大量生産大量消費を前提とした社会・経済の枠組みのなかに身を投じること、これに違和感を覚えていたのです。粗大かつ短絡的ですが、当時はまじめに考えていました。自分が悪いのではなく「社会」が間違っているという見解です。

もう一つは、「社会」に反目していたとはいえ、いずれは何かしらの職を得なければならない状況にいることを自覚していたことによります。どこかで折り合いをつけるのであれば、仕事と趣味を一致させたい。趣味が実益を兼ねていれば、少なくともイヤイヤながらの労働は避けられるはず。こんなふうに空想していました。とはいっても、自分の趣味といえば、読書と散歩、それと水泳くらいなもの……。

この二つが混じりあい矛盾となり、私は自然と「社会」に距離を置いていたのです。いまの「社会」では地球環境がもたない。しかし、「社会」に出なければ生活できない、と。

しかし、いまにして思えば、これは単なるわがままです。働きに出たくないばかりの駄々にすぎなかったといえます。もし本気で、環境問題と引き換えに「社会」と決別するなら、自給自足の生活とはいかなくとも有機農業を探ったり、仏門に入ったり、いくつかの道があったからです。私にはそうする覚悟がありませんでした。

私が身を置いたのは、アルバイトで生活費を捻出しながら「神保町《じんぼうちょう》」をウロウロする日々でした。「社会」との直接対決を軽やかに回避しながら本の世界に没頭する、とは当時の言い分ですが、内実は、ドロップアウトをしたようでしていない、モラトリアムを享受しているようでしていない、中途半端なポジションにいました。

本書の内容は、「就職しないで生きたい」と考えていた自分が、ウロついた先の神保町の古本屋で就職し、その後古本屋として独立をし、つまりは現実社会にどっぷり浸《つ》かっていく様子です。二〇世紀が終わりを告げようとするころからおよそ一五年の間に、私の身の上におこったことです。

職に就いているのに、「就職しないで生きるには」というテーマの原稿を書いたわけは、この一五年が、見ようによっては既成の就職の概念を溶解させようと試みた、あがきに似てもいると思ったからです。

おそろしいことに、齢《よわい》四〇をまえにして、このあがきは今後もつづきそうです。

装画　山口洋佑
装丁　草苅睦子（albireo）

1

「本」と「散歩」の日々

中野ハウス

中野駅から徒歩五分。ミニコープ中野店（現コープ中野中央店）の裏手の住宅街。大久保通りと中野通りが交わる中野五差路のほど近くに、かつて戦前につくられた物件が三棟、連なって残る一角があった。

一九九七年の春のある日、当時二二歳の私は、そのなかの一つ「中野ハウス」を内見するため、不動産屋の人とともに中野通りを歩いていた。不動産屋の人は、ほかの二つのうちの一つは、「一誠荘」という女子寮で男性は入居できないこと、もう一つは「河井医院」という病院で、いまは閉じていることを話してくれた。「申し合わせたわけでもないのに、なぜこの一角だけ戦前のままなのか、バブル期の開発にもかからなかったのか、不思議といえば不思議だ」とつけくわえた。

ちょうどその付近の中野通りは、新宿駅と渋谷駅から中野駅に向かうバスと、中野駅から新宿駅と渋谷駅に向かうバスがひっきりなしに往来をくり返していた。しばらく行くと桃園橋という、いかにも古めかしい橋がかかっていた。橋といっても暗渠《あんきょ》の上にかかっているので、役目は完全に終えている。名前からすると、昔は桃の木々が長閑《のどか》に生い茂っていた土地なのだろう。

桃園橋の少し先を右に折れると一誠荘と河井医院の建物が見えてきた。どちらもクリーム色の外壁。そのあいだの小径《こみち》を入ったところに、中野ハウスの門扉はあった。表札に刻まれた「中野ハウス」の文字は、右から左への横書き。住所表記も「中野區橋場町」とあり、旧字体と旧町名のままだった。玄関の扉を押し開くとギーという音が鳴った。なかはたしかに時が止まっていた。別の世界への入口のようにも感じられた。

内見するのは二階の南側の部屋。階段の窓には、ステンドグラスがはめ込んであり、色の取り合わせがいかにも美しい。その部屋は、六畳一間に簡単なキッチンがついた間取りで、戦前の建物にしてはめずらしくロフトもあった。

ロフトの上段は、広さ二畳半の寝床で、下段は扉がついた収納になっていた。「昔は石炭置場として使っていました」と不動産屋の人が教えてくれた。石炭が生活のエネルギーの主役だった時代の名残。いわれなかったら本来の用途は予想もできなかっただろう。石炭の出し入れが手軽になるよう、床面には滑車つきの板が敷いてあった。本を収納しておくのに、ちょうどよい構造だと思った。

窓のそとは平屋の屋根が広がっているだけなので、サンサンと太陽の光が降り注いだ。夜は月の光が差し込んでくるかもしれないと思いつつ、窓を開けると、風も気持ちよく抜けていった。ロフトの上に寝転べば、読書に最適な場所となるだろう。本好きにはなかなかの居住環境。天井は高く、「蛇腹」と呼ばれる装飾が施されていた。おそらく戦前のアパートとしては、かなり高級なものに違いない。中野ハウスという名前も、昭和のはじめの感覚をいまに伝えていた。

ほどなくして、正式に不動産契約を交わした私は、はれて中野ハウスの新住人となった。家賃は三万円。タイムスリップしたような非日常が現実になっている物件で、この家賃はありがたい。不動産屋の人は、「古い建物に理解のある美大生のような人に住んでほしい」といっていたが、きっと倍以上の値段でも、好きな人は借りるだろう。

この家賃なら食費をあわせても六万五〇〇〇円程度で一ヶ月を乗り切れる。アルバイトに週に二、三回行けば、あとは「本」と「散歩」に時間をあてることができた。

このころの私の暮らしは「本」と「散歩」を軸に動いていた。食べることでもなく、働くことでもなく、「本」と「散歩」に自由な時間と持てるお金の多くを費やしていた。もっとも、持てるお金といったところで、先の予算の範囲内だから、ポケットの小銭をジャラジャラ鳴らして歩く程度のこと。古本屋の軒先を漁《あさ》る、図書館で探す、そうして出会った本を散歩しながら読む、喫茶店に入って目を通す。このくり返し。神保町の古本屋街におもしろさを見出《みいだ》していたのもこのころだった。

古本を求めて神保町通い

中野駅から神保町に行くには、二つのルートがある。といっても、これは電車に限ったことで、自家用車や自転車の場合は含まれていない。

なにせ月六万五〇〇〇円で生活を切り盛りしている身だから、車で神保町にアプローチすることは頭にない。自転車は嫌いなわけではないが持っていなかった。

一つは地下鉄を使う東西線ルート。落合—高田馬場《たかだのばば》—早稲田《わせだ》—神楽坂—飯田橋《いいだばし》と行き、次の九段下で半蔵門線に乗り換える。そして、わずか一分の乗車で、隣の神保町駅に到着する。しかし、このルートをとることはあまり多くない。たとえば、早稲田で下車して早稲田の古本屋も回る、あるいは神楽坂で下車して、熱い湯で名高い熱海湯《あたみゆ》につかる、あるいは九段下で下車して靖国《やすくに》神社や千鳥《ちどり》ヶ淵《ふち》を散歩する。こういう途中下車を楽しみたいときに使う程度。

ほとんどの場合は、もう一つのルート、すなわち中央線ルートで神保町へ向かった。中央線ルートは、快速と各駅停車のどちらに乗るかで、行程の意味合いが違ってくる。

快速に乗った場合は、新宿―四ツ谷―御茶ノ水と揺られ、御茶ノ水から徒歩で神保町へ出る。快速は中野駅からは座れないことがほとんどなので、窓際に立ち、街の様子を見る。ふだん、通勤で利用している人からすれば、どうってことないかもしれないが、私はこのルートから見える風景が好きで、いつもキョロキョロしてしまう。

進行方向右手には西新宿の高層ビルがよく見える。あたらしいビルが建設中のときは、その過程を確認したくなる。どんなかたち、デザインのビルが出現するのだろうか。楽しみだし、がっかりさせられることもある。

天候や太陽の角度によって、ビルに当たる光が違うので、そのときどきの高層ビル群の表情もおもしろい。夕焼けに染まる光景や、上の階の部分が雲の中に隠れていたりすると趣がある。

各駅停車に乗った場合は、東中野―大久保―新宿―代々木―千駄ケ谷―信濃町《しなのまち》―四ツ谷―市ケ谷―飯田橋―水道橋―御茶ノ水と停《と》まる駅の数が、快速より八つ増える。中野駅から始発が出ることも多いので、必ずといっていいほど座席に腰を下ろせる。集中して本を読みながら神保町へ向かいたいなら各駅停車にかぎる。快速よりも乗っている人も少なく、都心の繁華街・ビジネス街を抜けていくというのに、のんきな感じがする。カバンのなかにはつねに四、五冊の本をつめていた。

新宿駅の手前で中央線は山手線や埼京線と合流する。同じ方向に同じ速度で走っていると、別の線に乗っている人と目が合うことがあり、ちょっとしたご縁を感じる。

この身体体験はすでに昭和のはじめにも体感できたようで、萩原朔太郎《はぎわらさくたろう》は人間の箴言《しんげん》に昇華させ、随筆「汽車の中で」で次のように綴《つづ》っている。

二つの平行したレールの上を、互に同じ速力で走る汽車に乗ってる時、人はだれしも変な気になる。こっちの窓から顔を出す時、向うの乗客の顔が見え、しかもそれが、いつも同じ所でじっとして居る。もしそれが知人であったら、互に手を出して握り合い、煙草《タバコ》の火をつけ合うこともできるのである。それから尚《なお》、列車の扉《ドア》を開けて踏台に立ち、向うの車へ乗り移ることもできるのである。実際それは、何でもないことなのである。なぜならこの場合には、二つの列車が同じ物の続きであり、こっちから向うへ行くのは、同じ一つの列車の中で、座席の位置を変えるとひとしく、何の危険もないことだから。しばしば私は、平行して走る汽車を見る時、そうした「乗りかえ」への誘惑を強く感ずる。だがその誘惑の衝動を感ずる時、心がぞっとするほど寒気立ってくる。なぜならこの場合、いつその一瞬間に、列車の速度が変るかも知れないからだ。私がもし、踏台から片足を出した一瞬間に、他方の汽車が速力を増し、急に離れて追い抜けたらどうなるだろうか？　人間の運命とチャンスについても、常に同じことを考えて戦慄する。

新宿駅にさしかかるとき、よく思い出す文章である。

予算は二〇〇〇円

神保町は、世界に類例がないといわれるほどの規模で書店が軒を連ねる。新刊書店、古本屋、取次店を合わせれば、その数は二〇〇ともいわれる。さらに、巨大なビルを持つ大手から一人稼業まで、あまたの出版社もひしめきあっている。まさに本の街と呼ぶのにふさわしい。

書店はその多くが靖国通りの南側のエリアに集中している。南側に店舗を構えれば、おのずと間口は通りに面した北側になり、日の光から本を守ることができるから、というのは有名な話だ。

神保町に書店が集中しているのは、明治時代のはじめに、この地に、現在の東京大学をはじめ官立の大学が開校した名残だという。そこに学ぶ学生や勤務する教師の需要を見込んで書店街が形成されていった。

書店街のちょうど真下に、地下鉄神保町駅があり、半蔵門線と都営新宿線、都営三田線の三路線が乗り入れている。

あとで知ったことだが、古本屋の仕事には、書物の価値を判断し販売するだけではなく、価値のつかない本を思い切って処分することも含まれる。本を買いにくる人、売りにくる人、そして、本を仕入れる業者、処分する業者、各々が入り交じる。一日にいったいどれほどの本が神保町に入ってきて、また出ていくのであろうか。そもそも、どれほどの冊数の書物が神保町に存在しているのだろうか。

江戸時代の地図を見ると、いまの白山《はくさん》通りは、平川《ひらかわ》という川だったことがわかる。元来、水は本の大敵だから、この土地が書店街になることなど江戸の人々は想像すらできなかっただろう。

当時、私は月に数回、神保町へ足を向けた。そして、神保町で本を買うことを、「知識の買い物」と呼んで喜んでいた。しかし、いまにしてみれば、この名付けは失敗だったと思う。その状況に身を置くことを、なんだか人の他の営みよりも、数段高尚に位置づけている感が強調され、ちょっと嫌味な感じがする。いまなら「イチゴ狩り」や「サクランボ狩り」のように「古本狩り」と呼びたい。

予算はいつも二〇〇〇円ポッキリ。二〇〇〇円でどれだけの本が買えるかが醍醐《だいご》味《み》だった。靖国通り沿いの古本屋の軒先を覗《のぞ》く。古本屋には各々専門分野がある。たとえば、東陽堂書店は仏教、八木書店は国文学、大屋《おおや》書房は和本・浮世絵、田村書店は近代文学、明倫館書店は理工書、源喜堂書店は美術、軒先に特価本がある場合は、その店の専門分野が反映されることになる。

本を求めて路上をさまようことは、読書そのものと同じくらいおもしろい。インターネットがようやく生活のすみずみまで浸透してきたばかりのころだったから、いったん逃してしまうと次にいつどこでめぐりあえるかわからない緊張感がまだ残っていた。本との場当たり的な出会い。同じ出会いでも、人と大きく異なるのは、こちらの意思のみでご縁を発展させることも、解消することもできる点にある。発展させたいなら、一〇〇円硬貨数枚と引き換えに、とりあえず所有してしまえばいい。解消するなら、棚に戻すだけで簡単に済む。

一方、人との出会いと似ているのは、そのご縁が、どうはずんでいくかわからないという点にある。出会った本が血肉化されることもあれば、飛ばし読みで終えることもある。血肉化された場合は、その本を求めた書店も出会った場所として記憶に残る。いずれにしても、神保町にどれだけ存在するかもわからない、膨大な本のなかの一冊との出会いである。偶然は必然の複合的産物のはずだから、とりあえず、本を所有するほうを私は選びたい。

また、本は、読みものとしての対象以前に、オブジェとして魅力的な場合も多い。この種の本と出会ったときは、読めないとわかっていても買った。

ある日、東陽堂書店の店頭のダンボールのなかから手に取ったその本は、オブジェとしての魅力にあふれていた。ニーチェの『ツァラトゥストラ』。「生田長江訳、新潮社、大正4年　序、森鷗外《もりおうがい》」と帯に記されていた。いかにも古めかしい装幀《そうてい》。開いてみると、オリジナルのドイツ語版が読めないのは仕方ないにしても、この大正四年版も簡単には読めない。『ツァラトゥストラ』は、たしか岡本太郎が勧めていた本でもある。それに、危険な臭いのするニーチェという人物と森鷗外という近代文学の巨匠の組み合わせにも惹《ひ》かれた。この本を中野ハウスに置けば、往時の時代感も倍増するだろう。躊躇《ちゅうちょ》なくレジに進み購入の手続きを済ませた。二〇〇〇円以内で買えたことはたしかだが、正確な価格は忘れてしまった。

「日本外史　頼氏《らいし》正本　二〇冊　頼山陽《らいさんよう》、須原屋茂兵衛《すはらやもへえ》、元治《げんじ》元、(二冊欠)」という帯にくるまれた和本を目撃したのは、靖国通りの九段下側に立地する松雲堂書店の軒先だった。

和本とは、詳細を調べれば、とんでもなく奥が深いのだろうが、私の場合は、江戸時代までに出版された本と割り切っている。たいがいは糸で綴《と》じてある。もちろん読めはしないが、二〇冊積み上げられた和本の佇《たたず》まいは、オブジェとして素晴らしい。この際、欠本は関係ない。中野ハウスに引き込めば、江戸の時代感も享受できるだろう。価格は五〇〇〇円。私は予算オーバー、生活費削減を覚悟して、求めることを決めた。江戸の本が路上にゴロゴロしている神保町は、それだけですごい。

とはいっても、本来は二〇〇〇円の予算でできるだけたくさんの本を買いたいし、読みたい。そして、買った本は喫茶店に持ち込んで珈琲《コーヒー》を飲みながらページをめくりたい。この場合、カフェという雰囲気の店よりも喫茶店という雰囲気の店のほうが性にあうとだんだんわかってきた。どういうわけか、体勢を立てなおしつつ、ゆっくりものを考える気分になれる。いまではもうなくなったけれど、小宮山書店の角を入り、鶴谷洋服店の隣にあった「珈琲リオ」をちょくちょく利用した。

神保町といえば、「ミロンガ」「ラドリオ」「エリカ」（二〇一九年三月閉店）が喫茶店の代表格かもしれないが、「珈琲リオ」は、同年代のスタッフがいて、何度か通ううちに挨拶を交わす間柄になっていた。珈琲一杯で長時間ねばっても、本当のところはどうかわからないが、とりあえず、こちらは気まずい思いをせずに済んだ。

臨時収入

ある秋の晴れた日、いつものように本を読みながら、各駅停車で中野駅から神保町に向かおうとしていた私は、電車が新宿駅に到着したとき、困惑した……。お昼ごろの中野始発の各駅停車は、新宿駅で乗客がどっと入ってきて、だいたい満席になる。ところがその日は私の隣の席に、いつまで経《た》っても座ろうとする人が現れない。見ると、隣にスーツの上着が置いてある。もちろん私の上着ではない。誰かが忘れていったものらしいのだが、あたかも私が席を二つ占有している格好になっている。まわりの人からの厳しい視線を感じる。ふてぶてしいと思われたくない私は、とっさに上着を持ち上げた。ずしりと重い。何か入っている……。

電車からホームに降りて、内ポケットを触ると、ふくらんだ封筒の感触があった。舶来の高級ブランドのタグも見えた。胸元には、弁護士バッジ。弁護士が車内に上着を置き忘れたとは考えにくいが、たぶんそうなのだろう。はたして封筒を取り出すと、なかから現ナマの札束が出てきた。

ふだんの生活では縁のない現ナマの札束を手にした私は、狼狽《ろうばい》した。一瞬、持ち去ろうという気持ちが芽生えた。このまま神保町に行けば、羽振りよく本も買えるし、いつもは通過するだけの新世界菜館や山の上ホテルで、高級な食事に好きなだけありつくこともできる。この厚みからすると、それでも十分あり余る……。しかしギリギリのところで踏みとどまった。正直に近くにいた駅員に告げると、別室に連れられた。そこにいた係の人がカウントしたところ、現ナマの札束は五〇万円。私にしてみれば大金だ。

「権利を主張されますか」と訊《き》かれ、とっさに「はい」と答えたが、権利とはいったいなんのことかわからなかった。係の人が、それ以上なにを話したか忘れてしまったが、私は自分の住所・氏名・電話番号を書き残して、その場を去った。

私の氏名は、「森岡督行」と書いて「もりおかよしゆき」と読む。「督」という漢字で「よし」と読ませるのだが、本当は「善行」にしたかったらしい。「善い行い」をする人、という願いを込めて。ところが「善」では画数がよくないという判定がくだり、「督」になったという。拾ったお金を届けるのはごくあたりまえだけれど、親に聞いたそんなことを思い出しながら、気を取り直して神保町に向かった。

数週間後、中野ハウスの郵便受けに、現金書留の不在票が入っていた。新宿駅での謝礼を確信した私は、近所の郵便局に走った。差出人はやはり新宿区内の某弁護士事務所。現金は五万円。拾得金のちょうど一割。

臨時収入を手にした私は、中央線に乗り込んだ。こういう余剰金は、すぐ買い物をしないと、食費や光熱費など生活必需品にあっという間に費やされ、消え失《う》せることを経験上知っていた。やがて現れた西新宿の高層ビルを、そのときばかりは眼下に見下ろすような気分を味わった。向かった先はやはり神保町。意中の本を扱っているだろう文学の専門店を数軒まわると、ある古本屋の一角に、横積みになったその姿をみとめた。万券を握り締めた私は、帳場の前に進入し、購入の意思を伝えた。求めたのは「村上春樹全作品8巻揃《ぞろい》」。つねに四、五冊の本を読み進めていたが、そのなかに必ず村上春樹の小説のどれかを忍ばせていた。ずっとほしい本だった。帳場の人は「本の街」と印字された手提げ袋を広げ、手際よくまとめてくれた。高額な買い物だし値引き交渉しようかと思ったが、切り出せなかった。

「珈琲リオ」

「珈琲リオ」のスタッフに、五万円の臨時収入があって、まえからほしかった本を購入したいきさつを話すと、意外なことに「そんなに本を買って読んでどうするんですか」という返事が返ってきた。

意外というのは、神保町の中心にある喫茶店だから、本を買いにきたり、本に携わっているお客がほとんどのはず。本を所有するという欲求それ自体を疑われるとは思わなかったからだ。しかし、いそいそ神保町に通うような人間ではない圧倒的多数の第三者にとっては、これが普通の反応なのかもしれない。五万円の臨時収入をよもや古本購入にあてるとは、ほとんどの人は考えないだろう。

「ただ、読むだけなんです」と答えると、「じゃ、文学賞ねらい？」と矢継ぎ早に訊かれた。

「いやあ、そういうわけでもなく……」と生返事をする。

「ちょっとおかしくない。だいたいお客さんくらいの年齢の人が、神保町で古本なんか買っている場合、野心をいだいていることがほとんどだと思うんだけど。作家じゃなきゃ、画家になりたいとか、何か裏がありそうなものよ」

「本当にないんですよ……」。そう答えて、あとが出てこない。

メニューは見なくてもよかったが、メニューを手に取りつつ、「珈琲をお願いします」というしかなかった。

「珈琲リオ」はいつもクラシックがかかっていた。村上春樹の小説に登場する主人公はクラシックについて豊富な知識を持っている場合が多い。だからこういうとき、小説の主人公であれば話題を切り替え、かかっている曲について作曲家と指揮者の詳細な論考を展開し、このスタッフの女性ともっと素敵な会話を交わしているだろうと思った。

私が覚束《おぼつか》ないのは、気の利いたことを言えないということもあったが、つまるところ将来の目標もなく、つきたい職業もなかったからだ。ついでにお金もなかった。この種の質問にすばやく答える用意はまるでない。また訊かれたくもなかった。

このころ、私に目標とか野望があったら、きっと楽だっただろうと思う。進むべき方向がある。挑戦すべき山が目の前にそびえ立っている。迷いはない。そうすればスタッフの女性にきちんと答えることもできた。

私にあったのは、ただ「本」と「散歩」のいまの暮らしをできるだけ長くつづけたい、という、いまにして思えばかなり危うい願いだけだった。

この喫茶店は、なにせ小宮山書店の角をまがった鶴谷洋服店の隣。座ったテーブルが窓側だったので、「本の街」と印字された手提げ袋を持って歩く人の姿が目に入ってきた。彼らは「そんなに買って読んでどうするの」と訊かれたら何と答えるのだろうか。

珈琲を運んできてくれたスタッフの女性は、「私は春には徳島で小学校の先生になるんです」と話してくれた。

「徳島は暖かそうで、いいですね」と、アホみたいなコメントを返して、自分は人並み以上に本を読んでいるのに、ろくでもないことしかいえない人間なのだと悟った。

彼女はそれ以上何も述べなかった。

「珈琲リオ」の珈琲には、ミルクが比較的多めについてきた。そのすべてをカップに注《つ》ぎ、マーブル模様が旋回するのを眺めた。手提げ袋から本を取り出し、それに収められた『世界の終りとハードボイルド・ワンダーランド』を適当なページから読みはじめた。久しぶりに直面した現実を払い落とすように。

中野区立中央図書館と格納庫

神保町に行くのは月に数回程度で、私の読書生活の大部分は、じつは中野区立中央図書館に支えられていた。

中野区立中央図書館は、中野駅南口を出て線路に沿ってまっすぐ新宿方面に五分ほど歩いたところにある。この約五分の間になかなか不思議なものと出会うことができる。

進行方向右手に、まず広大な「団地」が目に入ってくる。一見、高度成長期のその昔、急激な人口増加に対応すべくつくられた画一的な「団地」かとも思われるが、眺めてみると表参道の同潤会アパートのデザインと似ていることに気づく。もし外壁に蔦《つた》など這《は》わせたら、パリのアパルトマン風に変貌するのではないか。儲《もう》けのためではなく、純粋に住むことを中心に計画された集合住宅なのだろう。堂々と枝を広げる木々に、適度に刈り込まれた芝生もある。カフェやギャラリー、雑貨店、古本屋などをなかにつくることが許されるのなら、ほどよく力が抜けて開発感のない空間が出現するだろう。そんな妄想に誘《いざな》われた。

歩道には、プロメテウスとペガサスの彫刻が並んでいる。こういったパブリックアートには、ほとんどの場合、作者名と設置の日付が入っているものだが、ここにはない。一見して、プロメテウスは腰のフォルムに問題がありそうだし、ペガサスは肝心の翼がもたついている。もしかしたら作者は、実際に設置したものの、「これが俺の作品とは認めたくない」という葛藤が芽生えたのではないだろうか。もしこの予想が事実なら、かなり救いのないストリートということになってしまうが。

通りの左側はJRの、これまた広大な車庫になっている。その中核をなしているのは三角屋根の巨大な格納庫。一〇両編成の電車を同時に三本収めることができる超ド級のしろものだ。

こちらは立ち入り禁止区域になっているので、近くによってみたり、壁に触れたりすることができない。しかし遠目に見てもアーチ状の窓と支柱の装飾から、そうとう古いつくりだろうことが窺《うかが》える。調べてみると、なんと大正一一年の建設。関東大震災の一年前だ。まわりに背の高いビルが建ったいまでも十分際立っているのだから、田園が広がる創建当時は中野のシンボル的存在だったのではないだろうか。そう考えると、文学作品のどこかに描写されていないか気になりはじめた。いつかどこかでその文章に遭遇することを想像しながら歩くこともできる通りである。

中野区立中央図書館は、この格納庫の目と鼻の先にある。しかし、あいだに横たわる門扉とフェンスが、いかにも持ち場を区切っていて、意識しないと図書館と格納庫の取り合わせに気づきにくい。この一角は、出す、しまう、点検する、という作業が運命づけられた土地なのかもしれない。

中野区立中央図書館では、一度に一〇冊まで本が借りられた。図書館法が定めたとおり、国民の教育と文化の発展に寄与するため、本は無料で貸し出される。あたりまえといってしまえば、身も蓋もないが、この仕組みは、人間が発明したもののなかで相当なことなのではないだろうか。考えるほどにおもしろい。

気になる本はつぎつぎと借りまくった。借りた本は、図書館の回廊に並べられた椅子に腰を下ろして読むこともあったし、自宅の中野ハウスのロフトのうえで寝転んで読むこともあった。

中野「クラシック」

中野で読書をする場所として、いまでも最も記憶に残っているのは「クラシック」である。

「クラシック」は、昭和五年に高円寺に創業した「ルネッサンス」を前身とする、昭和二〇年開店の名曲喫茶で、中野駅北口を出て、アーケード街のサンモールを北上し、生地屋のかどを曲がったビルの谷間に潜んでいた。残念ながら二〇〇五年に閉店してしまい、いまはもうない。おもての看板には「音楽室と2F珈琲室」と記され、入口のドアは歪《ゆが》んでいた。店内は複数のアンティークランプがちりばめられていたが、全体的に薄暗い。通路も狭い。奥の壁のほうからは、ラッパ型のスピーカーが五、六本延びていていた。二つ三つある柱時計の針はどれも止まっていたし、メトロノームの針が左右に動くこともなかった。山積みされた古めかしいLPレコードと、真空管アンプから延びるガラスチューブの群れが異様な空気を増長させていた。

メニューは珈琲と紅茶とジュースのみ。代金をはらうとプラスチックの食券を渡された。カウンターの上には黒板があり、聞きたい曲をチョークで書いてリクエストする。LPレコード特有のブツブツというノイズ混じりの音楽が響く。

誰かがいった。モーツァルトのピアノ協奏曲第20番がかかると、「一日何回かかるのこの曲」と。サティの曲をリクエストする人も多かった。ベートーベンの交響曲第7番を聴き終えたとき、この店にいちばんあう曲だと思った。もっとも、曲名を知らなかったから、お店の人に尋ねたら、「フルトベングラーのベートーベン交響曲第7番第2楽章」と教えてくれた。「珈琲リオ」の場合と違ってスタッフの人と言葉を交わすのは、楽曲の名前を訊くときだけだった。

作家の五木寛之さんがこの店の常連だった時代があり、エッセイ集『風に吹かれて』のなかに店のありさまが綴られていることは、「クラシック」を知るもののあいだで有名だった。

美観街をさらに進むと、左に数本のせまい小路が走っており、その一本に風変わりな喫茶店があった。いや現在も残っているから、ある、と書くべきだろう。

〈クラシック〉という名のその店は、私たち中野コンミューンの昼間の議場のようなものだった。

その店は九州出身の画家が経営する喫茶店で、クラシック・レコードのコレクションでも有名な店だった。店に一歩ふみ込むと、最初の客は一瞬ぎょっとする。店内の構造は一種の木造の蜂の巣城であり、ブンブン言う羽音のかわりに、バルトークやバッハの音楽が響いていた。雑然というか、整然というか、とにかく様々なガラクタや、古色蒼然《そうぜん》たる蓄音器の砲列が客席をとりかこんでいる。回廊風の二階席は、歩くたびにきしみ、手すりにもたれるのは危険だった。

二階にあがる階段の裏に本棚があり、このエッセイのつながりからだろう、五木寛之の本がいつも置いてあった。

呪文は「坑夫」

「クラシック」と中野ハウスの得体の知れない雰囲気が起爆剤となって、私は「本」と「散歩」の生活を加速させた。中野ハウスの元石炭置場は、徐々に本で埋まっていった。

そのなかに夏目漱石《なつめそうせき》の『坑夫』も含まれていた。『こころ』や『三四郎』など一連の夏目漱石の本を読んでいたとき、はずみで一〇〇円硬貨一枚ほどで買った新潮文庫。しかし、解説と出だしを読んだきり、お蔵入りとなってしまった。物語がなかなか進行しないばかりでなく、文章も読みにくい。滑車に乗せられた『坑夫』は、元石炭置場の奥地へ運ばれていった。

「坑夫」という単語は、いまではほとんど使われないけれども、私の人生のなかでは幾度となく目の前に現れた。現れるべくして現れたといえよう。

はじめは中学生のとき。切手収集に熱を上げていた私は、お年玉やお盆のおこづかいなど、まとまったお金をすべて切手に投入していた。日本切手のカタログを寝るまえにニコニコしながら眺めていた。切手趣味週間シリーズの「見返り美人」や「月に雁《かり》」が少年のあいだでは横綱クラスで、一枚数万円で取引されていた。

しかし、私は数ある切手のなかでも、とくに一九四八年から発行された産業図案切手というシリーズのデザインが好みだった。敗戦後まもないころ、産業復興の一助となるべく発行された切手。いかにも古めかしい単色刷り。「紡績女工」「印刷女工」「農婦」「植林」「郵便配達」「捕鯨」「機関車製造」「電気炉製鋼」「茶摘」の各仕事が図案化されていて、このシリーズのなかに「坑夫」も混じっていた。五円と八円の切手。両方とも赤茶色。

二度目は、中野ハウスの元石炭置場の奥地へ運ばれて行った新潮文庫の『坑夫』。古本屋で手に取り、購入したものの、数ページ読んだだけで、その後がつづかなかった。

そして三度目は、二度目から四年後、村上春樹『海辺のカフカ』(やはり新潮文庫)を読んでいて遭遇した「坑夫」。主人公「僕」が図書館で夏目漱石の『坑夫』を読む、という局面だから、夏目漱石の『坑夫』に変わりない。でも、まったく別の書物に思えた。主人公「僕」と登場人物「大島さん」とで交わされた「坑夫」についての会話が、出だしを読んで放り出した私の「坑夫」体験とまるで違っていたからだ。その会話は次のようになされた。

大島さん「たしか東京の学生がなにかの拍子に鉱山で働くようになり、坑夫たちにまじって過酷な体験をして、また外の世界に戻ってくる話だったね。中編小説だ。ずっと昔に読んだことがあるよ。あれはあまり漱石らしくない内容だし、文体もかなり粗いし、一般的に言えば漱石の作品の中ではもっとも評判がよくないもののひとつみたいだけれど……、君にはどこが面白かったんだろう？」

大島さんの意見は、私と同じ。ここからの展開が興味深い。

僕「それは生きるか死ぬかの体験です。そしてそこからなんとか出てきて、またもとの地上の生活に戻っていく。でも主人公がそういった体験からなにか教訓を得たとか、そこで生きかたが変わったとか、人生について深く考えたとか、社会のありかたに疑問をもったとか、そういうことはとくには書かれていない。（中略）でもなんていうのかな、そういう『なにを言いたいのかわからない』という部分が不思議に心に残るんだ」

この発言をふまえて、大島さんは、シューベルトのニ長調ソナタを例えに、「僕」

が感じた夏目漱石『坑夫』の魅力を分析する。

大島さん「ある種の不完全さを持った作品は、不完全であるが故に人間の心を強く引きつける——少なくともある種の人間の心を強く引きつける、ということだ。たとえば君は漱石の『坑夫』に引きつけられる。『こころ』や『三四郎』のような完成された作品にない吸引力がそこにはあるからだ。君はその作品を見つける。べつの言いかたをすれば、その作品は君を見つける。シューベルトのニ長調のソナタもそれと同じなんだ」

大島さん「そのまますんなりと演奏したのでは芸術にならない。シューマンが指摘したように、あまりに牧歌的に長すぎるし、技術的にも単純すぎる。そんなものを素直に弾いたら、味も素っ気もないただの骨董《こっとう》品になってしまう。だからピアニストたちはそれぞれに工夫を凝らす。仕掛けをする。たとえば、ほら、こんなふうにアーティキュレーションを強調する。ルバートをかける。速弾きをする。メリハリをつける。そうしないことには間が持たないんだ。でもよほど注意深くやらなければ、そのような仕掛けは往々にして作品の品格を崩してしまう。シューベルトの音楽ではなくしてしまう。このニ長調ソナタを弾くすべてのピアニストは、例外なくそのような二律背反の中でもがいている」

「僕」と「大島さん」のやりとりは、もう少しつづくのだけれども、この会話のかなめは、「不完全」の一語にあるのではないかと思った。「完全は不完全があってこそ成立する」。何かの小説か評論に出てきた言葉で、いつのまにか覚えていた。

私はもう一度『坑夫』を読み直したくなった。シューベルトのニ長調ソナタも聴いてみたい。「クラシック」に向かうほかあるまい。

その日は、リクエスト用の黒板に記入された楽曲がひととおりかかってしまっていて、私が「シューベルトのニ長調ソナタ」と記入すれば、店内に鳴り響く状況になっていた。はたしてこのLPレコードの用意はあるだろうか。珈琲を注文しながら、お店の人に尋ねると、「はい」とだけ小さい声でいった。「クラシック」には、何種類のレコードがストックされているのだろう。あたりまえのようにLPレコードを取り出し、ターンテーブルの上に載せると、いつものブツブツというノイズとともにピアノの音が奏でられた。

一階の椅子に腰を下ろした私は、シューベルトのニ長調ソナタを聴きながら、『坑夫』を読みはじめた。昔はちっとも響かなかった文章が、とつぜん意味を持ちはじめる、そんな感覚が身に起こることを期待した。

しかし、しばらく耳を澄ませ聴いてみたものの、こころを空っぽにして読んでみたものの、そういう現象は立ち現れなかった。どうにもこうにも、やはり先に読み進められない。「ある種の不完全さを持った作品は、不完全であるが故に人間の心を強く引きつける——少なくともある種の人間の心を強く引きつける」と大島さんはいっていたが、私は、ある種の人間ではなかったことが、薄暗い「クラシック」の店内で判明しつつあった。店内にはシューベルトのニ長調ソナタがブッ、ブッという音とともに鳴り響いていた。たしかにこちらもあまりに牧歌的に長すぎる。LPレコードのかなたのピアニストも、二律背反のなかでもがいているのだろうか。「クラシック」の店内がトリガーになって化学変化が起こるだろうと期待したが、何も起きないまま時間ばかりが過ぎていった。

珈琲はとうにさめていた。「クラシック」の歪んでいるドアを開いて外に出ると、吉野家の看板が照っているのが見えた。オレンジ色の輝きのなかに映える牛丼の価格はあまりに現実的だった。吉野家の看板が現実であるのなら、「クラシック」の扉の奥は、いかにも虚構である。そう考えると、中野ハウスの元石炭置場と「クラシック」は、地下トンネルでつながっているのではないだろうか、そんな妄想が芽生えた。そして「坑夫」ならトンネルの行き来もできるはず。自分が「坑夫」という本と単語に遭遇した必然がわかったような気がしてきた。現実のどこかに異界の入口が存在している。そして、その入口を開ける呪文は「坑夫」。「坑夫」という言葉が起爆剤なのではないかと、妄想はふくらんだ。

古いビルに惹かれるわけ

ある日のこと「珈琲リオ」のスタッフと、神保町の靖国通りの歩道で遭遇した。彼女は「珈琲リオ」でのアルバイトが終わり神保町駅に向かう途中で、私は、いまは両方ともなくなってしまったが、松村書店をのぞいたあと巌松堂図書に入ろうとしていた。とりあえず九段下まで歩こう、という流れになった。

「春には徳島で小学校の先生ですか？」と大雲堂《たいうんどう》書店の前で尋ねてみた。

「はい。春からそうです。一年浪人して今年の採用試験で合格しました。今後自由な時間は多くないから、思い切って一〇月から東京の友だちのところで生活しはじめたんです」

「友だちはどこに住んでるんですか？」

「駅でいうと井の頭《いかしら》線の富士見ヶ丘。徳島の高校の同級生なんですけど、外国に長期の旅行に出かけていて、そのあいだ私が住むことになったんです。あ、大西です」

名前を慌てていった。私も自分の名前をいった。

「大西さんは、神保町が好きだから『リオ』でバイトしてるんですか？」

「うーん、本は基本的に好きだけれど、神保町については、どの本屋が何を専門にしているとか、くわしいことはじつは何も知らなくて。神保町で働くことになったのは偶然。『リオ』には友人の友人が働いていて、ちょっとした小遣いかせぎに短いあいだでもアルバイトができるように手配してくれたというわけなんです」

神保町の交叉点《こうさてん》で信号待ちをして、青にかわると岩波ホールのほうに歩いた。原書房の看板が見えた。

「ふだんは何をやっているんですか。『リオ』ではいつも本を読んでるけれど……」と彼女は横断歩道を渡りながらいった。

「本を読んだり、散歩をしたり……とにかく、そういうことを主軸においた生活を人生のなかで持ちたいと思っている時期です」と答えてみた。

この場合、人生というのがキーワードだった。何年生きつづけるかわからない人生のなかで、あえていまこういう暮らしを積極的に選択していると、まがりなりにも伝えたかった。

「もちろん、生活を支えるためアルバイトもやっています」とつけ加えた。

「どんなアルバイト？」と彼女はアルバイトの方に興味を示した。

「中野サンプラザと東京宝塚劇場で週に三回くらい……。両方とも劇場だから、入場のとき、四列に並んでください、と声をかけたり、チケットを切ったりするのが主な仕事。中野に住んでいるから中野サンプラザは何かと便利で、たとえば仕事がない日でも社員食堂がつかえる」

「中野サンプラザは聞いたことがあるけれど東京宝塚劇場は知らない。宝塚歌劇団の劇場ですか?」

「そうそう、日比谷にある、とても古い劇場。エレベーターが手動になっていたりするくらい古い。たぶん昭和六年の建築だったと思う。ちなみにいうと中野の住んでいるアパートもそうとう古くて、これも昭和初期の建築。電気コンセントがいかれているから、テレビも冷蔵庫もない」

「古本だけじゃなくて古い建物と生活も好きなんですね」といって彼女は笑った。

「東京には意外と昭和初期の建物が残っていて、そういう建物を見学するためによく散歩してます。古本とおなじくらい古いビルもおもしろい」

古いビルの話になると私はボルテージが上がる。

「たとえば、いま歩いている靖国通り沿いにだってけっこうある。さっき通りすぎた岩波ホールの裏には、旧相互無尽会社ビルという昭和初期のビルが建ってるし、『大野カバン店』という一階がかばん屋で上の階がアパートになっているビルがもうすぐ見えてくる。通りの向こうに見える、外壁が網で覆われたビルは近代建築好きのあいだでは有名な『九段下ビル』。その先の交叉点には『九段会館』がずしんと建っているし、九段坂をあがれば、外側が鉄板で補修されていて一見気がつかないけれど、なかは戦前のままの『松岡九段ビル』が残っている」

「たしかに、この通りだけでもけっこうありますね。東京で古いビルを維持していくのは、たぶん大変なことなんでしょうね。メンテナンスや耐震補強はもちろん、固定資産税とか、そういう社会的な部分をきちんとしないといけないんじゃないかしら」

「そう思います。九段坂上の『松岡九段ビル』が鉄板で覆われているのは、だからです。もし、外壁が剝《は》がれて通行人に当たったら大変だし。たしか外壁にレンガをつかっていると数年に一度検査をしなくてはいけない決まりがある」

　調子に乗った私は、外側が鉄板で覆われたビルの話を展開しはじめた。

「実利的な理由から鉄板で覆われてしまったビルというのは、そのビルの素晴らしさを台無しにするだけでなく、周囲の環境まで暗くしてしまうような気がする。浅草の『松屋』がその最たるものです。昔の浅草の写真で松屋をみると、浅草という街全体が活気に満ちているような感じが伝わってくる。あとは、銀座の数寄屋橋《すきやばし》の『阪急デパート』。あれも外側が鉄板で覆われてしまっている。創建当時は『マツダビルディング』という名前だったらしいけれど、その写真と比較すると、外観を封印された波動が数寄屋橋の交叉点全体に及んでいて、残念な印象がぬぐえない。そのほかにもこの種のビルはたくさんある。兜町《かぶとちょう》の『郵船兜町ビル』、銀座四丁目の『三越』もそうかもしれない。新橋駅前のマクドナルドが入っているビル。もしかしたら銀座の『琉映《るえい》ビル』、一度、一日かけて外壁、階段、エレベーター、各階の天井などを念入りに調べたことがあったけど、どこもあたらしい素材の板で覆われていて、わからなかった。一度覆いを取ってみるといいと思う。耐震や補修のための費用よりも、ビルの収益や販売売上げが上回るような気がする」

「そう考えると、戦前に建ったビルには何か街を変えてしまうエネルギーがあるということかしら。あるときその覆いを取り去れば、街のありさまが、がらっと大きくかわってしまう、みたいな」と彼女はいった。

「確信は持てないけど、きっとあると思う」といって軽く首を縦にふった。

「私がいま住んでいる部屋はマンションの八階にあって、晴れた日には富士山がよく見えるんです。でも地上におりるとまったく見えない、富士見ヶ丘という地名なのに。とても残念なことだと思いませんか？　富士山はただ眺めているだけでも気持ちが晴ればれする。富士山ってそういう形をしていますよね？　徳川家康が江戸に入城したのも『富士山がよく見えるから』という説がありますし。いまの東京は、高層ビルとかコンクリートとかで、富士山が見えないように覆われてしまっている。本来、土地の人間に備わるはずのエネルギーというか覇気というか、そういうものを失ってしまったんじゃないかって思うんです」

「それはあるかもしれない」と私はうなずいた。

俎橋《まないたばし》を渡ると九段下駅の入口が見えた。

「どうしてそんなに古いビルに興味があるんですか」と彼女がいった。

「おそらくそうだろうと思う理由があるにはあるのだけれど、それを話すとちょっと長くなりそうで……。井の頭線の富士見ヶ丘なら、ここから半蔵門線に乗って渋谷で井の頭線に乗り換えるルートですよね。次の半蔵門駅まで散歩を少し延長しましょうか」

私と大西さんは、九段坂を上がり千鳥ヶ淵公園のところを右に曲がって半蔵門駅のほうに向けて歩くことにした。

「いまは中野区に住んでいて、すっかり東京都民になりすましているけれど、生まれ育ったのは、山形県寒河江《さがえ》市というエリアなんです」

「サガエシ?」と大西さんは慎重にいった。

「はい、サガエ・シ。『寒い』に『さんずいの河』に『江戸の江』です」

「なんだか寒そうな地名ですね」

「もちろん雪が降るから冬はそれなりに寒いです。でも意外に暑いところでもあって、日本で最も高い気温が観測された地域です。たぶん四〇・八度。寒河江市が位置している山形盆地で一九三三年に観測されたと思います」

「盆地は熱い空気が滞留しやすいということかしら」

「たぶん、そうです。夏暑くて冬寒い」

千鳥ヶ淵の交叉点を渡ると、左前方にイギリス大使館の敷地が見えた。

「その寒河江市で一九七四年に生まれたのだけれども、いまにして思えば東京のイメージが幼いときから身近にあった。祖母が戦時下の東京に住んでいて、その話を幼いときからくり返し聞いた。古い本やビルが好きになったのは、この記憶がとても大きいと思う」

祖母は学徒動員で戦時下の東京にやってきた。「狛江《こまえ》」の「東京航空計器」で零《ゼロ》戦《せん》の部品を製造していたこと。「梅丘《うめがおか》」の寮に住んでいたこと。「青山」の逓信局で電話の交換手の仕事に転じると、小田急線の「下北沢駅」で乗りかえて通勤していたこと。並木道をくぐって近所の絵画館へ遊びにいったこと。市電を乗り継ぎ「丸の内」と「日本橋」に出張に行ったこと。いつも防空ずきんを携えていたこと。やがて空襲がひどくなり「青山」一帯が焼けてしまい、「高輪《たかなわ》」の電話局に移ったこと。上空を飛ぶB29の轟音《ごうおん》。迎え撃つ高射砲の地鳴りのような響き。消灯して防空壕《ぼうくうごう》に逃げ込んだこと。焼夷弾《しょういだん》が降るなかを逃げ回り、前方に落ちたときは死んだと思ったこと。下町のほうの空が真っ赤であったこと。焼け野原の「新宿駅」で長蛇の列に並んで切符を購入して、ようやく紛れ込んだ汽車では、連結部分に乗って寒河江に帰ってきたこと。

私は、祖母の上空をB29が飛び交う夜を想像しながら、この一つ一つの東京の地名を自宅にあった地図のなかに探しあてた。同時に当時の東京がどんな街だったのだろうかとも空想した。

あるとき、祖母が戦時中の日記といくつかの写真を見せてくれた。日記の表紙には「勝利の日までがんばりましょう」と万年筆の手書きで記されていた。写真のなかに青山電話分局のものが混じっていた。大きなアーチ状の窓が連続して並ぶ外壁に、異様とも思えるどこか異国の街の雰囲気を感じ、子どもながら驚いた。そして、これが東京なのだと思った。

だから、東京に住むようになったいまでも、下北沢駅を利用するときや、渋谷から青山通りに抜けるときは、そのころ同じ場所に立っていただろう若い姿の祖母が思い浮かんでくる。

イギリス大使館の塀の前を歩きながら、私は大西さんにひととおりこのことを話した。

「児童心理学は、小学校教師になるためのとても大切な科目で、教員採用試験にも出題されます。だからといって専門的な知識があるわけではないけれど、たぶん、その記憶の反芻《はんすう》は、これまでの精神を形成するうえで重要な意味を持っていたし、これからも、何かの局面で、何かのかたちとなってその記憶が現実の生活のなかに現れるかもしれませんね」と大西さんはいった。

「記憶が現実の生活に現れる……」と私はくり返した。

どの局面で、どう現れるのか、大西さんの見解を訊きたかったが、すでに半蔵門駅の入口は目前だった。さすがに、もう一駅延長しようとはいい出せなかった。

「あ、もう半蔵門駅ですね。それではまた」と私はいった。

「それではまた」と大西さんもかるく会釈をしたあと、半蔵門駅の階段を地下に降りていった。

もっと具体的なこと、たとえば「こんど食事でもしながら、その話のつづきを聞かせてください」とかいっていたら、もしかしたら違う展開になったのかもしれない。結局これ以来、大西さんの姿を目にすることは一度もなかった。しばらくして、「珈琲リオ」に行ったとき、徳島に帰ったと聞いた。

散歩の出だしで、大西さんの住まいが富士見ヶ丘と聞いたとき、「その付近には、浴風会本館と礼拝《らいはい》堂という近代建築があります。とても美しい建物です。きれいな庭もあります。知っていますか。もしよかったらこんどご案内しますよ」と話してみようかとも思った。しかし、そうは切り出せなかった。

写真集との出会い

　私はいま、海外の書籍商やお客さんと写真集を取引する仕事を生業《なりわい》の一つとしているが、写真集に関心を持ったのもこの「本」と「散歩」の時代だった。

　あるとき、神保町の書店街を散策していて、写真集の書棚に行き当たった。世の中には、写真集という分野の本もあるのか、とかるい気持ちで棚の前に立って眺めた。しかし、平積みにあった藤原新也『メメント・モリ』を手にとって開いて、驚いた。いままでに見たことのない写真と言葉の組み合わせが、そこに展開されていた。「ガンジス川のほとりで人肉を食うイヌ」の写真には「ニンゲンは犬に食われるほど自由だ」というキャプション。「白波に水平線」の写真には「むかし、むかし、日本はアジアの国でした」というキャプション。写真集と対峙《たいじ》することもはじめてなら、写真集に見入るという経験もはじめてだった。『メメント・モリ』は自分の気持ちをそらさせることなく、最後まで運んでいってくれた。気持ちがそれないのは、やはり、写真家としての藤原新也の世界観に感心したからだろう。

写真集とは、「私は世界をこのように見ました」と視覚に訴えて伝達するメディアなのではないかという直感を持った。そう考えると、目の前の書棚に設置された写真集の一つ一つが、写真家の世界観を示す哲学の本にも見えてきた。できることなら、一冊ずつ中身を確認してみたい気持ちが芽生えた。

当時の私が知っている写真家といえば、木村伊兵衛《きむらいへい》、土門拳《どもんけん》、細江英公《ほそええいこう》、荒木経《あらきのぶ》惟《よし》、篠山紀信《しのやまきしん》、浅井慎平《あさいしんぺい》、ロバート・キャパの七人だけだったと思う。知っていたといっても、その実、以下のような内容だから、なにも知らないといったほうが正しい。

木村伊兵衛は、木村伊兵衛写真賞という賞に冠せられた名前。土門拳は、山形県出身の著名人として。細江英公は三島由紀夫の『薔薇刑《ばらけい》』を撮影した写真家。荒木経惟は、どういうわけかわからないが名前だけは知っていた。篠山紀信は宮沢りえのヌードを撮影した写真家。浅井慎平は、子どものとき大好きだったクイズ番組「ヒントでピント」の回答者、どんな写真を撮っていたかは知らない。ロバート・キャパは、ノルマンディー上陸作戦を写したカメラマン。

これらの写真家以外は、たとえば森山大道《もりやまだいどう》ですら知らなかった。これがきっかけとなって神保町でも中野区立中央図書館でも写真集のコーナーに頻繁に立ち寄ることになった。

写真集との邂逅《かいこう》を経た私は、中野区立中央図書館の写真集の棚を、文字どおり、一冊ずつ中身を確認していった。なかでも、岩波書店の「日本の写真家」シリーズは、一冊につき一人の写真家を取り上げ、また、年代ごとに紹介されていて、写真家と写真集を知るのに役立った。

当時はまだ刊行途中で、あたらしい巻を開くことは、すなわちその写真家が見た、自分にはない感覚の、あたらしい世界を見ることだった。たとえば、堀野正雄の巻の表紙には、永代橋《えいたいばし》のアーチ上の梁《はり》を大胆な角度から撮影した写真が使われていた。解説を読まないかぎり、私のように永代橋になじみのないものにとっては、それが橋の一部であることは理解できない。橋のような構造物でも、現代アートが表現するイメージに近い造形に変化する。当時の私はそこに写真のおもしろさを感じた。

いこいの場

一二月にさしかかろうとしていた。中野ハウスは実際に住んでみると、たしかに昭和初期の高級アパートだったということが実感できた。夏は風通しがよく、そとに面した大きな窓から廊下側の窓へ空気がよく循環した。建材に使われている柱は太く、七〇年以上経過しているというのに、反り一つなく堅牢《けんろう》だった。

お風呂がついていないことは、取り立てて問題がなかった。風呂嫌いというわけではない。中野区立中央図書館の近所に東京アスレティッククラブというスポーツクラブがあり、そこのお風呂につかっていた。一九七〇年に開業した、いささか古風なスポーツクラブ。私の場合は夜の八時四〇分から一一時三〇分のあいだに通うコースの契約を交わしていた。月六〇〇〇円でこの時間なら毎日利用できる。お風呂だけでなく、もちろん設備も使えた。

私は毎日泳いでいたいほど水泳を愛好している。私の場合、泳ぐというのは、そのまえに行う念入りなストレッチも含まれる。からだのすみずみの筋肉を伸ばすことで、そのあとの泳ぎの質がずいぶん変わってくる。手で水をかくとき、足で水をけり出すとき、よりプールの水とフィットして、しなやかにからだが進む感覚を楽しめる。

僧帽筋、三角筋、上腕二頭筋、上腕三頭筋、広背筋、腹直筋、腸腰筋、大腿《だいたい》四頭筋、内転筋、腓腹《ひふく》筋……各筋肉の位置をイメージしながら、ゆっくり時間をかけて、筋肉をほぐした。とくにバランスボールを使ってのストレッチは、ふだんの生活ではほとんど動かすことのない深層筋を使いながら伸ばせるので重宝した。私は、どういう訳かバランスボールとの相性がよく、誰に教えてもらったわけでもないのに、ひとりでにからだが反応して、ボールに乗る、立つなどのトリックを容易に行うことができた。なかでも、ボールに四つん這いになって乗る際は、尾骶《びてい》骨から、人類の祖先が持っていただろうシッポがはえている感覚を呼び覚ますことができた。私はシッポを振りながらバランスをとりつつボールに乗っていた。その状態で目を閉じると、地球の丸さと地球の重力を体感できることもわかった。

こうして入念なストレッチをからだに施したあと、プールで泳いだ。横隔膜が上下するのを意識しながら呼吸をくり返した。二五メートルのプール。五九回ターンして、一五〇〇メートル泳いだあたりでからだの動きを停止させた。

プールで泳ぐことは孤独な営みであるが、その後のジャグジーとお風呂は、水泳を愛好する人たちのコミュニケーションの場になっていた。「次は千葉国際でのマスターズに参加する」という人。クロール五〇メートルを何秒で泳げるかについて。どこのメーカーの水着が最も泳ぎやすいかについて。ゴーグルの色について。青が泳ぎやすいという人、黒が泳ぎやすいという人、私はピンクが泳ぎやすいと思った。シッポの感覚を味わい、泳ぎでからだをあたため、水泳に関する話を交わした。これが平均的な八時四〇分以降の夜の過ごし方だった。

東京アスレティッククラブは近隣住民のいこいの場とも化しており、自宅で食べきれない食品の分配が行われていた。牛肉や筍《たけのこ》、おにぎり、みかん、お煎餅、飴《あめ》などの食料をいただくことができたのも、一人暮らしの私には助かった。東京の近所付き合いがここにあった。

一九四一年一二月八日の出来事

中野ハウスに入居を決めたときから、一二月になったら実行に移そうとしていた計画があった。

一二月八日を年表で見ると、過去にさまざまな出来事が起きている。その人の心のよりどころや、立場、生まれた年により、この日の印象はずいぶん異なるだろう。中学生のころ、ビートルズの音楽に親しみ、マッシュルームカットを試したり、丸めがねをかけたりしていた私は、一九八〇年にジョン・レノンがニューヨークのダコタハウス前で射殺された日として、まずこの日を認識した。例年、どこかのメディアがそのことを伝えるから、自《おの》ずとジョン・レノンとビートルズの曲が耳に入ってくる日でもある。

しかし、一九四一年（昭和一六年）の一二月八日が真珠湾攻撃の日だと伝えるメディアは少なく、また誰の話題になることもなく、このことを知ったのは、もっとずっとあとになってからだった。

中野ハウスに住み、古本屋で古本を漁り、「クラシック」で音楽を聴く。そして昭和初期に建った東京宝塚劇場でアルバイトをする生活。多くの時間を、昭和初期に建造された空間で過ごしているわけだから、現代のメディアからの情報をできるかぎり遮断して、昭和一六年の情報に切り替えれば、正確ではないが、ある程度の当時の臨場感を追体験できるのではないかと考えていた。つまり一二月一日から八日までの新聞を中野ハウスで順次読んでいく、この身体体験に興味があった。

この間は東京アスレティッククラブのお風呂には行かないで、より臨場感を出すため、近所の銭湯「花の湯」の湯船につかることにした。

中野区立中央図書館では、朝日新聞と読売新聞、毎日新聞の縮刷版を所蔵していたが、朝日新聞一本にしぼって読むことにした。当時の朝日新聞社の社屋は数寄屋橋のたもとにあって、戦前期を写した写真集を見ると、その威容がときおり掲載されていた。あそこのあの建物で書かれた記事、というイメージを持ちながら読むことができる点に魅力を感じた。それに、戦時下は言論統制が行われていたから、各紙とも内容はほとんど変わりがないだろうとも思った。

紙面をコピーするときに、見出しに目が触れて、内容がわかってしまうことを避けたい。最初に見たときのインパクトを大切にしたかった。

図書館のカウンターの係の人に、事情を説明して該当のページをコピーしてもらえるか尋ねることにした。引き受けてくれそうな人の心当たりがあった。図書館で働いているときは、シャツにエプロンという服装だが、一歩外に出ると、流行《はや》っているわけでもないのに、年季の入ったライダースジャケットに身を包んで歩いている職員を目撃していた。いかにも昔ながらの中央線沿線に住むロッカーという風貌。話せばわかってくれる、そういう直感があった。

その人は、返却コーナーの窓口に座っていた。事情を説明すると、拍子抜けするほどあっさり快諾してくれた。それなら、もう少し先まであったほうがいいだろうと、一二月一五日まで用意してくれることになった。

一九九七年一二月一日（月）晴れ。六時起床。一九四一年当時の人々はきっと早起きだったに違いない。点呼をして体操をし、訓辞を聞いたあと、零戦の部品を製造したり、電話交換の作業に従事したのだろう。朝はゆっくりしていたいが、このあたりの時代考証もできるだけ近づけてみようと思った。

一九四一年一二月一日（月）の朝日新聞を開く。一面の一番大きい見出しは「米、架空の原則固執　興亜聖業を妨害」とある。そのほかの小見出しは「陸鷲《りくわし》、南支を猛爆」「在米日本領事館閉鎖」「三国団結強化」。さっと見たかぎり軍事関係の記事しか一面にはない。

次ページを開くと「ロストフ市街に独戦車隊突入」というキャプションのついた写真が大きく掲載され、同盟国ドイツのソ連戦線での優勢を伝えている。次ページ以降も、これでもかと軍事関連のニュースがつづく。日本中の関心事は戦争一色という当時の気配が伝わってきた。

出版社の広告も『教育国家論』『満洲《まんしゅう》と満洲国』『日本国家科学大系』とナショナリズムを喚起している。例外は、とても小さいスポーツ面。「日大連覇す　大学専門鍛錬継走」「慶日早勝つ　関東大学ラグビー戦」と見出しがあり、それぞれの試合結果を掲載している。大学専門鍛錬継走とは、記事を読むと、どうやら東京―青梅《おうめ》間の駅伝のことのようである。

一二月二日（火）。やはり一面は、軍事関係のみ。「英、ビルマに軍隊集結　泰侵略の重大形勢」が一番大きな見出し。記事を読むと「バンコクにて岡特派員」とあり、泰とはタイのことだとわかった。

「陸鷲、西安を急襲」という記事もある。太平洋戦争はあと六日後の真珠湾攻撃にはじまるわけだが、日中戦争は、すでに昭和一二年に勃発している。当時の人々は、この種の記事を読むことが日常茶飯事だったのだろう。一面の下段は二日も出版社の広告が占めていた。『皇国精神講座』『日本風俗史・江馬務』『般若心経物語』『山岡鉄舟』。

一二月三日以降も新聞を開けば同じような見出しの記事がつづいた。「米外交の身勝手　東亜平和を破壊」「けふ日米第七次会談」「安康の軍事施設痛爆」「謂《い》われなき泰国への厭迫《えんぱく》」「英対日戦備を急ぐ　米と連携、泰侵略の構え」。

つまり、このころの論点は、日米交渉の膠着《こうちゃく》と日中戦争の戦果、それとタイをめぐる情勢、この三つにあった。タイの中立を巡る情勢が紙面に何度も大きく登場している点が意外だった。

新聞を読みはじめて七日目の一二月七日、こうも軍事関係の記事ばかり読まされると、さすがに気が滅入《めい》ってきていた。当時の人々は終息する気配のない日中戦争に嫌気がさしていた、と聞いたことがあったが、たった七日でもその感覚を追体験できた。いつまで中国との戦争がつづくのだろうか、もういい加減かたをつけてほしい。

いまと違い、国外の情報を得る手段が、統制された新聞や少数のラジオにたよるほかない状況では、日中戦争の勝利を妨害しているのは米英と考えるしかないだろう。タイを侵略しようとしているのも米英、アジアの秩序を乱そうとしているのも米英。それなら、いっそのこと米英をたたいてしまえ、同盟国のドイツはヨーロッパで快進撃をつづけているではないか、というふうに思考が働くのも無理がない。こうして日本中の人々は一二月八日を迎えたのかと思った。

新聞広告と古本

一二月八日（月）も六時起床。朝刊一面は前日までと変わらずの内容で、「我が回答に米不満　会談なほ重大局面」とある。私の関心は、軍事的・政治的な記事に加えて、出版広告にも移っていた。本のタイトルを追っているあいだは、戦争の強迫観念から逃れることができたからだ。『ドイツ作家論』『実用魚介方言図説』『馬道の研究』『昭和17年度用家庭生活日記』『ファーブル家畜物語』。当時も、私のように出版広告に救いを求めていた人々がけっこういたのではないだろうか。

一面以降をめくっていると、今日はスポーツの記事が大きい。「早、四年ぶりに制覇　萎縮した明のバック　大学ラグビー」という見出しのもとラグビー早明戦を写真付きでくわしく伝えていた。試合は28対6で早稲田大学が明治大学をくだし大学ラグビー日本一になった。ここにきてラグビーが社会的な話題になっていることに驚いた。試合会場は明治神宮外苑《がいえん》競技場、いまの国立競技場（旧国立競技場）の前身。試合後の学生はきっと新宿に繰り出して祝杯をあげたり、地団駄を踏んだりしたのだろう。

そして次ページをめくる。最下段の広告欄に目をやると、また驚かされた。なんと、「古本　誠実買入　一誠堂　東京・神田・神保町　電神七五番・七五〇番」という広告があるではないか。ほかでもない古本。一九四一年一二月八日の真珠湾攻撃・太平洋戦争開戦の日に古本買います、ということだ。一誠堂とは、いまでも靖国通りに店舗を構えている一誠堂書店に違いない。一誠堂書店は四階建ての近代建築で外観が美しい。なかには一度だけしか足を踏み入れたことがない。それも勇気を出してガラスの扉を開けた。とても貴重な古書ばかりがショーウインドウに飾ってあり、こちらからは誰もお客さんの姿が見えず、小額紙幣しか持ち歩かない私には縁遠いと感じて気後れしたものだ。

この時流にあっても古本を求めて神保町を歩く人がいたのだろうか。それに朝日新聞の朝刊に広告を出すには、それなりに費用もかかるはず。私のなかで一九四一年一二月八日のイメージにラグビーと古本が追加された。着替えをし、朝食をとると、もうすぐ七時になろうとしていた。

「臨時ニュースを申し上げます。臨時ニュースを申し上げます。大本営陸海軍部一二月八日午前六時発表、帝国陸海軍は、本八日未明西太平洋においてアメリカ、イギリス軍と戦闘状態に入《い》れり」

この一報がラジオから発せられたのは、記録によれば午前七時。ラグビーの試合結果を確認し、古本買取の広告を見た私は、真珠湾攻撃を知らされたことになる。

この日の様子を伝えるテレビ番組などでは、よく日章旗を持って万歳する人々の姿が映される。なかば強制的な演出があったかもしれないが、もしかしたら本気で人々は喜んだのかもしれないと私には思えた。こうも膠着した現状が連日伝えられると、軍事力を行使してでも閉塞感を打開してほしくなってくるのは否めない。これから戦争がもっともっと拡大するというよりも、米英をたたくことで日中戦争が早く終息すると思ってもおかしくない。ヨーロッパでは同盟国のドイツが勝ちまくっているから、「バスに乗り遅れるな」という野心もたしかに芽生えてくる。

それと戦域が西太平洋と伝えられたことも心理的に安堵《あんど》する要素を感じた。西太平洋であって東太平洋ではない。日本からは遠く離れた海原での出来事。前線と銃後の関係が十分になりたつ。

午後、例によって中野区立中央図書館に向かった私は、この年の芥川《あくたがわ》賞を調べてみた。これだけ軍事がすべてに優先している時代に、芥川賞が存続していたのか疑問になった。『芥川賞全集第三巻』（文藝春秋）を開くと、上半期を多田裕計《ただゆうけい》「長江デルタ」、下半期を芝木好子「青果の市」が受賞していた。どちらもはじめて知る作家だった。

『芥川賞全集第三巻』は一九八二年に出版されていたが、過去に借りた人の痕跡がなく、紙がピンピンしていた。『青果の市』の初版の写真が掲載してあった。ピンク地に、小さな桜の花のイラストがちりばめられた装幀。重い軍靴の音が響きわたっている時代とは思えない繊細で上品なデザイン。戦後もこの分野で活躍することになる佐野繁次郎が装幀を担当していた。

午後、中野ハウスに戻り夕刊を開く。「帝國・英米に宣戦を布告す」とこれまでにない大きな見出し。

「我海鷲《うみわし》、ハワイ爆撃」「シンガポールも攻撃」「皇軍　泰の独立守護」……。

二面以降も真珠湾攻撃と宣戦布告の記事でうまっている。目を皿にして読んでみると、攻撃がはじまったことを伝える記事ばかりで、戦果戦況を伝える記事はまだない。朝の臨時ニュースは、「戦闘状態に入れり」とだけ伝えていたから、勝利か敗北か、攻撃の結果が気にならないはずがない。夕刊でも詳細がわからないとなると、多くの人々が一日中緊張した心境でこの日を過ごしたことだろう。いつもは最下段に必ず掲載されている出版社の広告が、今日は一つもなかった。

翌一二月九日朝刊。

「ハワイ・比島に赫々《かっかく》の大戦果」

「米海軍に致命的大鉄槌《てっつい》 戦艦六隻を轟沈大破す」

一日たってようやく攻撃の全貌が明らかになってきた。この戦果は人々を熱狂させたに違いない。この日以降、太平洋全域に展開する陸軍・海軍の活躍が次々に報道されていった。とくに、日本海軍がイギリスの東洋艦隊を全滅させたことは衝撃的だった。これでインドの解放もあり得ると期待した人も多かったのではないか。

出版の広告ももとに戻った。多くは戦前の日本の体制を支持したり、戦争関連の本だったが、なかには、『万葉集評説』『文楽の研究 続』『音の四季』『無名の弟子の書けるイエス傳』『高見順集』『失はれた愛』『禅問答と悟り・鈴木大拙』という本の案内も見られた。一二月八日以前にこれらの本の広告を目にすると、戦争からの現実逃避的な感覚を持ったが、九日以降は、戦争の圧倒的勝利に裏づけされた文化的余裕と感じられるようになった。

一一日の朝刊には、うかれてばかりではいけないと考えたのだろう。「勝手な避難許さず防空局業務課長」と国内を引き締める記事が掲載された。

「ゆくぞ一億！ 火の玉で 涙流して誓い」という徹底抗戦を煽動《せんどう》する記事を読んだとき、佐野繁次郎装幀の『青果の市』が思い出された。あの桜は、この時代にあっては、潔く散っていく桜以外の何ものでもないことがわかった。佐野繁次郎は、戦時体制下の日本で、社会的に許される本の美しさを考えていたのかもしれない。

2

「一誠堂書店」の日々

入社試験

一誠堂書店の求人広告を見たのは、この昭和一六年体験からほどなくして、一九九八年の一月初旬、やはり朝日新聞の紙上だった。真珠湾攻撃の当日に「古本 誠実買入」の広告を打っていた一誠堂書店。本当に現代の新聞で一誠堂書店の広告を目撃しているのか、また何かの幻想でも起こっているのではないだろうかと再度確認してみた。「本の街で働こう！」というコピーとともに、履歴書を東京都千代田区神田神保町一―七の社屋に郵送するよう、しっかり書かれてある。現代の朝日新聞であることも間違いない。

応募してみようと素直に思った。否、応募するしかないと思った。一誠堂書店には一度しか訪れたことはないが、一見して、神保町の書店街を代表するような品揃《しなぞろ》えの書店。ここなら、この先も「散歩」と「本」の生活からそれほど遠くないところに安住していられるのではないか。一誠堂書店は昭和初期の近代建築だし、古本に囲まれた環境なら、長く仕事をつづけられるのではないか。何より古本はリサイクル。地球の環境問題を考えるうえでも折り合いがつく。自分が求めていたものがすべて揃っているように思えた。コンビニで履歴書を求め、必要事項を記入した私は、すぐに郵便局のポストに投函《とうかん》した。

数日後、一誠堂書店から入社試験の案内が届いた。一月某日に筆記試験を課し、合格者のみ二月某日に面接を行うという流れだった。筆記試験といっても何が出題されるのか見当もつかない。一般的な入社試験の問題ならば参考書をたよるのだが……。採用人数は若干名とある。

ともかく、一誠堂書店について知りたくなり、中野区立中央図書館で検索すると、いくつかの資料がひっかかった。雑誌『東京人』の古本特集号と脇村義太郎《わきむらよしたろう》『東西書肆《しょし》街考』（岩波新書）を借りてみた。『東京人』には松本清張が一誠堂書店をひいきにしていたエピソードが書かれていた。そのほか、井上靖《いのうえやすし》や三島由紀夫、土門拳ら数多くの文化人を顧客に抱えていたという。

他方『東西書肆街考』によれば、一誠堂書店は明治三六年創業。この店が母体となって、いまの神保町の礎が築かれたことが記述されていた。東陽堂書店、八木書店、小宮山書店、山田書店、崇文荘書店、けやき書店……神保町には一誠堂書店から独立した店舗が多い。独立した人物のなかでも、とりわけ、反町茂雄は特筆にあたいするとの記述がある。古本屋の取り扱う本の領域を古典籍にも広げ、その発掘と評価に尽力したという。反町茂雄さんには、平凡社から『一古書肆の思い出』という全五巻の著書があったので、早速そのなかの第一巻「修業時代」を借りてみた。『一古書肆の思い出1　修業時代』はかなり参考になった。反町茂雄さんが一誠堂に入社したのは昭和二年。そのころは社員全員が、一誠堂の旧社屋に住んでいた。社員はみな好奇心旺盛で、玉屑会《ぎょくせつかい》という勉強会を組織し、仕事のあとも書誌学の知識を得たり、古書の評価について意見を交換していたという。反町茂雄さんが古本を仕入れたり売ったりするときの文章が軽快でおもしろく、古本業界にどんどん引き込まれていった。

一月某日、筆記試験の会場は御茶の水の東京古書会館近くのビルで行われた。問題を見てとても良心的だと思った。単に知識を問う形式ではなく、もし入社したら、どのような仕事を行いたいかという文章題が多くを占めていた。

問題用紙と回答用紙を配っている係の人のなかに「一誠堂」という文字が胸元に刺繡《ししゅう》された紺色のブレザーを着ている人がいた。一誠堂書店オリジナルのブレザーなのだろう。

試験が終わると、あらためて一誠堂書店の社屋が見たくなった。駿河台下《するがだい》の交叉点を右に曲がり、靖国通りを神保町の交叉点方面に歩いた。なじみの通りではあるが、小宮山書店、大久保書店、奥野書店、巌松堂図書、松村書店、と一誠堂書店のビルが近づくに連れ緊張してきた。入社試験会場にいた人物と見抜かれ、偵察に来たと思われることを恐れた。

ビルの前に立ってみると、なかには人影がない。アーチ状の重厚な石造りの玄関にも一誠堂書店の文字が刻まれていた。中野ハウスの表札と同じように、右から左へ向かって書いてあった。目を凝らすと「蘇峰」という落款も刻まれていた。徳富《とくとみ》蘇峰《そほう》による書なのだろう。

玄関の脇の壁に備えつけられている金具も目に入った。国旗掲揚器と刻まれた金具には、五輪のマークがあしらわれていた。金具の経年変化と国旗掲揚器の書体のデザインからして、一九六四年の東京オリンピックのときのものより古い。おそらく、一九四〇年（昭和一五年）に開催が予定されていた、幻の東京オリンピックの名残ではないだろうか。一九四〇年の東京オリンピックのグッズを現役で使用しているのは、おそらく、ここ以外にないだろう。金具を凝視した私は、一誠堂書店と明倫館書店のあいだの路地に入り、喫茶店「さぼうる」の前を抜けて、神保町駅の階段をくだった。

一週間後ほど経っただろうか、一誠堂書店から結果の通知が届いた。その後も反町茂雄さんの『一古書肆の思い出』を読みつづけた私は、古本業界の仕事にさらにのめり込んでいた。ここで道を絶たれたくはない。不合格に備えて、このときまでに、敗者復活の嘆願書をしたためていた。封を開けてなかを確認した。

結局、書き上げた嘆願書が日の目を見ることはなかった。このあと二回の面接を経て、私は幸運にも採用してもらえることになった。このときもし採用にならなかったとしても、私は古書業界に職を探すことになっていたのだろう。

配属は一階の売場

一九九八年の二月のある日、スーツを着て革靴を履いた私は、一誠堂書店の事務室で入社用の各書類に署名をした。書く手が震えて止まらないほど極度に緊張していた。いま見返してみることが可能なら、とんでもなく蛇行した文字になっているだろう。それにつづいて、専務が店内を案内してくれた。

竣工《しゅんこう》は昭和六年で満州事変が起こった年だという。全館のそこかしこに本が積んである。それまで手にとることのなかった和本や巻物が、これでもかと書棚に鎮座している。専務はこうした古典籍を担当されているという。

屋上は、樹木が生い茂り緑化されていた。ヒートアイランド現象解消の切り札として注目を集める以前のことだから、とても目新しく感じられた。樹木の合間から避雷針が上空を指して立っているのも見えた。

二階は洋書と和本の売場。奥の壁にかけてある「一誠堂」の書幅は会津八一の書。初代社長の酒井宇吉と会津八一が、同じ新潟出身だったので、懇意にしていたという。ガラスケースには目が飛び出るほど高額の本がびっしり。洋書の棚では、「古事宝典」という漢字と何ごとかのフランス語が一緒に刻まれた、大判の二冊組みの本がひときわ目を引いた。

一階は和書の売場。書棚には「大日本資料　千二百万円」「大日本古文書　八百万円」という垂れ紙のもと、茶色の箱に納まった分厚い本が隙間なく並んでいた。床は総大理石で、正面玄関の上部には鮮やかなステンドグラスが設《しつら》えてある。

「地下室は昔ボイラー室になっていて、石炭が積んであった。そこから煙突が伸びていて、各階を暖房していたが、戦争のときに鉄が必要だということで軍に接収された」と専務が教えてくれた。私は「石炭」という単語にすぐ反応した。一誠堂書店の地下室が元石炭置場であるなら、中野ハウスの元石炭置場並びに中野「クラシック」とは、地下トンネルでつながっているのではないだろうか、そんな妄想がまた芽生えた。

地下室のどこかに虚構の入口がぽっかり口を開けて存在している。そして、その入口を開ける呪文は「坑夫」。

私が配属されたのは一階の売場だった。入社の日まで見ておくようにと「一誠堂古書目録」をわたされた。

「一誠堂古書目録」は分厚かった。数千点の販売古書がびっしり印刷されている。まず開いて驚いたのが、本の価格。数万単位は、むしろ安いほうで、数百万単位のものがゴロゴロしているではないか。和本と洋書は読むことすらできないタイトルがある。

　全集のページに掲載された個人全集の種類にも驚いた。私はずいぶん本を読んでいるほうだと思っていたが、葛西善蔵、正宗白鳥、近松秋江《ちかまつしゅうこう》などなど、知らない作家が何人もいた。ましてや国文学・和歌、仏教学、神道、民俗学に関する学者の個人全集は、はじめて見る名前ばかりで歯が立たない。私が担当することになるかもしれない分野なので、「三省堂人名辞典」を購入し、入社までの一ヶ月間で、知らない人名をあたっていくことにした。

　一方、入社までに、本屋を舞台にした物語を読んでおこうとも思った。『コルシア書店の仲間たち』や『シェイクスピア&カンパニー書店の優しき日々』、『チャリング・クロス街84番地』を中野区立中央図書館で借りた。

　パリのシェイクスピア&カンパニー書店は、アメリカとイギリスで発禁処分を受けていたジェイムズ・ジョイスの『ユリシーズ』の最初の出版元となったことで有名だが、その刊行年は一九二二年だということを知った。一九二二年は大正一一年。この年号には覚えがあった。中野区立中央図書館の目の前に建つ、巨大な電車の格納庫が竣工した年だ。パリで『ユリシーズ』が編集されているとき、東京では中野に格納庫が建設されていた。

落丁調べとブラシ

一九九八年四月一日。私は一誠堂書店に入社した。入社試験のときに見た一誠堂の刺繍入りのブレザーが支給された。新品のブレザーだったが、昭和のかたちを留《とど》めていて、古風な雰囲気が漂っていた。それに腕を通すと、いよいよ自分も就職したのだという実感が湧いてきた。鏡の前に立った自分の姿は昭和の事務員そのものに見えた。私に与えられた席は一階つきあたりの左端、柱時計の真横だった。

入社してから一週間ほどは、その正面の左端に座っているだけだった。しかし早々にお店番ひとつできないことがわかった。読書好きを自任していたが、通用しなかった。ときおり尋ねられる書名が、まったくわからない。『帝王編年記』『利根《とね》川《がわ》図志』『雅言集覧』『真美大観』『甲陽軍鑑』……入社まもない青二才の私に、神保町のお客さんは容赦なく牙をむいた。

反町茂雄さんの著書には、社員のあいだには玉屑会という勉強会があったと記述されていたが、現在は個人の努力に委ねられるようになっていた。

一誠堂書店の専務は、寛大な方だった。そんな私に「あせることはない。毎日の落丁調べの仕事のなかで、書名や著書を時間をかけて覚えてゆけばよい」とアドバイスを与えてくれた。先輩の店員も、ミスをしても決して怒ったりせず、冷静にそれをカバーし、お客さんに本の情報を伝えた。

「落丁調べ」とは、古本屋に特有な仕事で、仕入れた本に破損がないか、汚れていないか、確認していく作業のこと。五月の連休が明けたあたりからこの仕事が本格化した。五ページずつめくり、ノンブル、つまりページを五の倍数ごとに確かめる。銀行員が大量のお札を数えるときのしぐさに近い。落丁と同時に書き込みの有無も確認する。有益な情報が記入されている場合も多く、その際は消さずに残しておく。

さまざまな分野の本を扱っているので、興味のない分野の本も、日々自分の前を次から次に通り過ぎていった。私には、この落丁調べの仕事が向いていた。毎日、新しい本の発見があることが嬉《うれ》しかった。一日中めくっていても飽きることがなかった。落丁調べは、明治に創業してからいまにつづく、古書販売の基本であり、大切な学びの場でもあった。

落丁調べの仕事を支えている道具が、山田ハケブラシ製作所のブラシだった。このブラシは本についた塵《ちり》をおとす際、じつに使い勝手がいい。そしてとても丈夫だ。勤めている間、一度も交換せずに済んだ。

山田ハケブラシ製作所は、やはり神保町の靖国通り沿いにあり、日本画用、ペット用、洋服用など常時二五〇〇種類もの専門のブラシが揃っていて眺めているだけでも楽しい。こちらも明治期の創業だという。明治の昔から一誠堂書店の社員たちはこのブラシで塵をはらい、書物の知識を身につけ、本の街を築いてきたのだろう。

対外宣伝誌にのめり込む

　ある日、落丁調べを待つ古本の山のなかに『戦争のグラフィズム』というカラフルな本が混じっていた。ほかの本は、飯島正や岩崎昶《いわさきあきら》、筈見恒夫《はずみつねお》の著作など古い映画の専門書ばかりで、映画を研究していた人の蔵書が一括で古書市場に流れたのだろう。色あせた地味な装幀のなかにあって、その本は異彩をはなっていた。著者は多川精一。私はこのときまで多川精一さんを知らなかったし、『ＦＲＯＮＴ』という雑誌も、それを制作していた東方社も知らなかった。

『戦争のグラフィズム』を開いてまず驚いたのが、『ＦＲＯＮＴ』の偉容だった。圧倒的なビジュアル。デザインも写真も、いまの雑誌より力がある、と思えた。いったいこれは何なのだ……。拾い読みしてみると、どうやら戦時中に軍が出版していた雑誌のようである。落丁調べのあいまだけでは、読む時間にかぎりがある。本来は店頭の特価台に出す本だが、店にお願いしてわけてもらった。『戦争のグラフィズム』は『ＦＲＯＮＴ』のデザインに実際に携わった、多川精一さんによる回想記だった。要約すれば以下のようになる。

東方社は、一九四一年（昭和一六年）三月から四月にかけて陸軍参謀本部の意向で成立した。陸軍参謀本部は、当時の日本にあっては、陸軍のエリートが集まり、日本の戦争の方向性を決定していた巨大な権力を持つ機関。東方社の発足にあたっては、とくにロシア課が影響を及ぼした。ロシア課では、当時すでにソ連で刊行されていた『USSR in Construction』のような対外宣伝誌を日本でもつくれないものかと考えていた。その制作を引き受けるかたちで東方社は発足した。

岡田桑三理事長のもと、理事に林達夫、写真部長に木村伊兵衛、美術部長に原《はら》弘《ひろむ》を擁し、多川精一、小川寅次《おがわとらじ》らがスタッフとして揃っていた。とくに理事長の岡田桑三は、それまで職業としていた、松竹の俳優（山内光《やまのうちひかる》という芸名）をやめ、退職金をつぎ込んで社を発足させた。また、陸軍からの仕事を請けおっていた三井財閥からも資金が提供された。社名は中国語で日本を意味する東方に由来する。東京市小石川區金富町四十七番地（現文京区春日《かすが》）に木造洋風三階建ての社屋をかまえたが、のちに空襲に備え、九段坂下の鉄筋コンクリート築の野々宮ビルに移転した。

東方社の社員の特徴として、山川幸世、小泉謙次、高橋錦吉、渡辺勉、蓮池順太郎、八木武雄といった左翼・共産主義者が少なからず含まれていたことがあげられる。

『FRONT』は、こうして誕生した東方社において、一九四二年から四五年にかけて以下の一〇種類が制作された。「海軍号」「陸軍号」「満州国建設号」「落下傘部隊号」「空軍（航空戦力）号」「鉄（生産力）号」「華北建設号」「フィリピン号」「インド号」「戦時東京号」。このうち、「戦時東京号」は四五年三月一〇日の東京大空襲時に焼失したため、実際には出版されなかった。

『FRONT』というタイトルは民族学者の岡正雄が提案したといわれている。三〇年にソ連で刊行された『USSR in Construction』や三六年にアメリカで刊行された『LIFE』を強く意識し、印刷は、ドイツ製のゲーベルグラビア輪転印刷機を有していた凸版印刷板橋工場で行われた。

「海軍号」は四二年二月一一日（現在の建国記念の日で当時の紀元節）に刊行された。編集責任者に小幡操《おばたみさお》がつき、全体の構成と原文を担当した。「海軍号」は国内版に加えて中国語、英語、仏語、独語、露語、オランダ語、ビルマ語、スペイン語、ポルトガル語、タイ語、仏印・安南語、インドネシア・マレー語（オランダ式表記）、インドネシア・マレー語（英国式表記）、インド・パーリ語、蒙古《もうこ》語の一五言語版が制作された。見開きページに掲載された戦艦「陸奥《むつ》」の写真などでは機密事項に関わる司令塔や主砲に修正が施され、戦闘能力を隠蔽した。

発行部数に関しては、「海軍号」は海外版だけで六万九〇〇〇部刷った、という岡田の言葉があるのみ。内外に好評だったため、同年八月に「大東亜建設画報」と名前を変えて日本語版が五万部増刷され一円八〇銭で販売された。日本軍創設以来、ことあるごとに陸軍が海軍に先んじていたが、『FRONT』の刊行においても、「陸軍号」の編集が先に進んでいて、本来は創刊号になる予定だった。しかし、一九四一年一二月八日の真珠湾攻撃の成功と衝撃を受けて、効果的な宣伝のタイミングを図ったため、「海軍号」が創刊号になった。

「陸軍号」は、編集責任者に林達夫がつき、全体のデザインと原文を担当した。一九四二年に海軍号と同じく一五言語版が刊行された。ビルマ語やタイ語など、当時まだ日本人研究者の少ない言語は東京に留学している学生に翻訳を依頼した。「陸軍号」は、戦車の存在を全面に打ち出した内容になっている。とくに露語版では、表紙にも戦車の写真を用い、他言語の版が、重爆撃機と搭乗員の写真を表紙に掲載しているのに対し、より戦車を強調している。

これは、三九年（昭和一四年）のノモンハン事件で、ソ連軍の圧倒的な戦車部隊のまえに陸軍が大敗を喫したことが反映されている。戦車部隊の拡充を急いだ陸軍が、その成果をソ連軍に誇示する狙いがあったと考えられている。

戦車の撮影は、木村伊兵衛、濱谷浩らが担当し、千葉陸軍戦車学校（現千葉市稲毛区役所敷地）で開戦直前の四一年秋に、九八式中戦車を動員して行われた。撮影した写真には合成技術が施され、迫力のある誌面に仕上げられた。木村伊兵衛はライカを愛用することで知られているが、当時の日本では輸入禁止になっていたため、東方社では上海《シャンハイ》までライカを買いつけに行っていた。

四五年の終戦時、東方社の社員は、在庫として残っていた『FRONT』を東方社地下のボイラー室で焼却した。その際、ボイラーの操作の誤りから、社屋のあった九段坂下界隈には、煙突から燃え残った半焼の『FRONT』が多数飛散したという話がのこっている。

私は、この内容を諳《そら》んじていえるようになるくらい、集中して何度も読み込んだ。それほど『FRONT』のデザインと写真に圧倒され、『FRONT』の実態がどうであったのかを知りたくなっていた。どうしても実物を手にとって開いてみたい。調べてみると、復刻版が平凡社から刊行されていることがわかった。そして、それは立川市にある都立多摩図書館（現在は国分寺市）で閲覧できることもつきとめた。

一誠堂書店は、日曜日を休業日にあてている。ちなみにこれは、神保町に東京大学をはじめ、大学が林立していた明治期の名残だそうだ。先生と学生が休みの日曜日は、自ずとお客さんが少なくなる。

ある休日の日曜日、私は自宅の中野から、いつもとは反対方向の立川駅に向かうべく、高尾方面の中央線快速に乗り込んだ。もちろん、まだ見ぬ『FRONT』の誌面に心躍らせながら。

中野から立川までは、およそ三四分。あいだに一二駅ある。高尾方面の中央線は、空気が澄んでいると、進行方向左手に富士山を望むことができる。この日は中野駅を出て環状七号線を越えると、ビルとビルの合間から、雄姿があらわになった。空気が澄んでいても該当の方角に少しでも雲が立ち込めていると望めないから、この日は幸運だった。「珈琲リオ」の大西さんがいったとおり、富士山は、ただ見ているだけで気持ちが晴れやかになるし、こころが洗われるものだ。立川駅に到着するまでのあいだ、富士山の眺めをたっぷり堪能した私は、最高のコンディションで都立多摩図書館に入館することができた。

写真評論家の飯沢耕太郎さんが、「写真を見るとき、そのときの自分の状態によって、見え方が違ってくる」と何かの雑誌で述べていた。私は幸先《さいさき》のいい出だしを切ったのだと思った。しかし、これは、幸先がよすぎる出だしだったのかもしれない。

ともあれ、あらかじめ予約していた旨をカウンターに申し出て、書庫から『FRONT』が運ばれてくるのを待った。玄関にあった利用案内を開いてみると、「雑誌は時代を映す鏡。雑誌の創刊号を揃えた『創刊号コレクション』は圧巻です」と書いてある。都立多摩図書館はとくに雑誌の収集に力を入れていた。運ばれてきた『FRONT』は、すでに多川精一さんの著書を読み込んでいたとはいえ、想像以上に大きく、迫力があった。時間を忘れて、一〇冊のすべての誌面をめくり、飯沢耕太郎さんと金子隆一さんと山口昌男さんの解説を読んだ。

この体験により、私は対外宣伝誌という分野に、足を突っ込むことになった。二〇〇〇円の予算で本を買う「知識の買い物」を一誠堂書店に入社してからもつづけていたが、『FRONT』のイメージが頭のなかにあると、書棚にささっていたり、雑誌の山のなかにはさまっている、さまざまな対外宣伝誌が自ずと目につくようになった。もちろん『FRONT』ではない。じつは、『FRONT』は、このときすでに、高額で取り引きされる稀覯《きこう》本として知られていた。これまで気づかなかったが、日本の文化や近代化を写真を使って紹介する英文の冊子は、多種多様に存在し、裾野がかなり広いことがだんだんわかってきた。のちに、このときから買い集めはじめた対外宣伝誌は、『BOOKS ON JAPAN 1931-1972』として一冊の本にまとめて紹介することになる。

お客さんが先生

一誠堂書店一階つきあたり左端、柱時計の真横の席は、とにかく毎日、お客さんから本の在庫の有無を訊かれる席だった。はじめの一週間でまったくお客さんの質問に答えられなかった私は、自分の力不足を痛感した。誰だかわからないようなおじさんに書名を知らなくて怒られたこともあった。毎日の落丁調べと並行して、暇があれば、店内の棚をながめ、目録のページをめくり、どんな本を販売しているのか、なるべく早く把握できるように努めた。

しばらくすると、お客さんとの問答が、クイズ番組に参加しているような場面に変わって感じられた。お客さんが出題者で私が回答者、的確に答えることができれば私の勝ち。答えられなかったら負け。負けた場合はすぐに備品の人名辞典、各歴史事典等でその内容を確認した。

ときどき、踏み込んだ質問もあった。たとえば、「なぜ小林秀雄は本居宣長《もとおりのりなが》のことを書いたのか」。「足利義満《あしかがよしみつ》はなぜ銀閣寺を建てたのか」。「縄文文化についてどう思う」。「一誠堂書店の名前の由来は」と訊かれたときは、なるほどと思った。灯台もと暗しとはこのことで、専務に内線をつかって訊いてみると、「明治のころ軍人勅諭からとった」と教えてくれた。店内の資料をあたると、明治一五年発令の軍人勅諭の最終章に「一の誠心こそ大切なれ」と明記されている箇所があった。おそらく中野ハウスの隣の「一誠荘」も同じ由来なのだろう。

また海外からのお客さんから質問されることも、しばしばあった。その際に最も多く相手方の口から出てきたのは「プリンス」という単語だった。王子様のことか？　……どこの王子のことだろう？　……あるいは日本の皇太子のことか？……。狼狽したが、筆談と身振り手振りで内容を確かめると、それは「Prints」すなわち版画、浮世絵であることが判明した。「バシ」も年に数回出てくる単語だった。これは、和紙であることがわかった。

このような問い合わせを受けることと、そこからはじまるお客さんとの会話は、まさに一期一会の一発勝負で、入社半年もすると、毎日の仕事の楽しみになっていった。そして、この場当たり的な問答が、耳学問を鍛えることにつながった。

専務に相談すると、「わからないことは、わからないと謙虚にいえる姿勢が、より大切。古今東西の本のうち、我々が把握できるのは一％もない」と、諭してくれた。

古書目録の制作

私が入社した一九九八年当時は、すでに社会のそこかしこでパソコンが導入されていたが、一誠堂書店はまだだった。むしろ導入を拒んでいる気配さえあった。そのため毎年二回、五月と一一月に行う古書目録の制作も手作業で行っていた。つまり数千冊もの在庫のタイトルと著者名、それに出版社、刊行年を手書きでスリップ(伝票)に書き写していく必要があった。この仕事を店内では「原稿とり」と呼んでいた。

私が配属になった文科系学術書の売場は、分野ごとに書棚が構成されていて、美術、日本史、東洋史、対外交渉史、伝記、地方誌、仏教、神道、教育学、民俗学、考古学、日本文学、和歌、演劇、各分野の書籍が整然と配置されていた。そのなかから一〇冊程度取り出し、柱時計のわきの机に移動し、一冊ずつ確認しながら記入していく。おそらく、昭和初期にはじめて古書目録を刊行したときと仕事の流れは変わっていないだろう。

スリップの大きさは二センチ×二五センチほど。たとえば、「狩野亭吉の研究　鈴木正　ミネルヴァ書房　昭45　1冊　一五〇、〇〇〇」と書く。その際に、狩野亭吉は「かのうこうきち」と読む名前で、おおよそどんな人物であったかを拾い読みする。一冊で一五万円の古本。一万五〇〇〇円ではない。ついでに、ミネルヴァ書房のミネルヴァの意味を調べて、豆知識を拾い集める。

前回使用したスリップを再利用すれば、時間も経費も節約になるわけだから、一見、この作業は二度手間で効率が悪い。しかし私の在職中、ほかの書店や図書館で在庫のデータベース化が進行しようとも、一誠堂書店はこの手法を捨て去ることはなかった。

専務はいった。

「書くことは、本を覚える」

すなわち、一見、非効率に思えるこの作業は、若い社員にとって、本を覚えるうえで非常に効率のいい作業なのである。店内にはスリップをまとめた塊が、つねに積み上げられていた。

入社して一年もすると「原稿とり」の仕事が本格化した。午前一一時から午後三時くらいまでは「原稿とり」で、そしてさらに一六時以降は「落丁調べ」。その合間に、「お客さんからの問い合わせ」が加わる。日々の仕事のなかに、若い社員が本を覚える仕組みが三系統存在していることが徐々にわかってきた。「落丁調べ」と「お客さんからの問い合わせ」が場当たり的な本との出会いだとするならば、「原稿とり」は体系立った本の知識を拾い集めるのに向いていた。これを老舗の修業というのであれば、そういってよいと思う。私の古本屋としての礎を築いてくれたのは間違いない。

おそらく、この職場で定年まで働きつづけるのだろうという予感があった。

柱時計の思い出

それにしても一誠堂書店には多士済々のお客さんが足を運んでくれていた。現役のお客さんを具体的にいうことは、誰がどんな本を読んでいたかを公開することだから、古本屋としては掟破《おきて》り。ただ出入りの業者さんについては、いうことが許されると思う。

一誠堂書店一階つきあたり左端、柱時計の真横の席は、やはり時計の音がもっとも耳元で響く席であった。この時計も昭和六年に社屋が完成したとき以来ずっと使いつづけている。

その日は朝からなんだか様子がおかしかった。いつもは小気味よくゼンマイを巻き上げる時計の、音にキレがない。ほどなくして振り子が止まった。専務に内線で故障の連絡をすると、午後から修理の業者さんが来てくれることになった。

野島さんは、きちんとプレスのきいた紺色のブレザーに、細身のグレーのパンツをあわせていた。白のボタンダウンのシャツにネクタイも紺色。黒の革靴はピカピカに磨き上げられていた。黒の革のカバンは堅牢なつくりで、いかにも修理の道具が入っていそうな佇まい。おそらく年齢は七〇を越えているだろう。凜《りん》とした姿勢に気品が感じられた。

もう何度も一誠堂の時計の修理を担当されているのかと思ったが、これがはじめてだった。前任者の仕事を引き継いだが、なかを見なければ修理可能な機械なのかわからないと話した。

こうして私の目の前で時計の分解作業がはじまった。野島さんは、仕事にかかると、とにかく寡黙で、たんたんとやるべき仕事をこなしているように見えた。はじめての仕事だから、おそらく迷いみたいなものがあったのかもしれないが、おくびにも出さず作業をつづけていた。部品を取り出すとまじまじと眺めていた。お茶がはこばれてきたところで、しばし休憩。

「これは、阿部式電気時計という、いまではかなりめずらしい時計。このビルが建ったころは、よく用いられた時計だが、現在も動いているもので有名なのは、早稲田の大隈《おおくま》講堂の時計と、旧山形県庁の時計」と野島さんはいった。

たしかに文字板に書いてあるアルファベットは、一見、図案化されていて読めないが、そう教えてもらうと「ABE」と読めた。

「旧山形県庁の時計を見たことがあります。山形出身なので」と私はいった。

「阿部式電気時計を発明した阿部彦吉という人物も山形の生まれだ。いまでも山形市に阿部時計店があるはず。時計の発明に関して、多くの特許をもっているはずだ。文字盤にある［PATENT No.35413］は特許３５４１３号の意味」と野島さんは簡潔にいって、お茶を飲んだ。

「ところで、山形のどこです？」

「寒河江というところです」

「それはいいところだ。なんといっても朝日連峰がすばらしい。あの山は本当に手つかずの山だ。懐が深い。地元でも、マタギしか登らないだろう。いい山だった」と眼を細めた。

その柔和な表情から、野島さんの趣味が登山であることが容易に感じ取れた。

「たしかに中学校の校歌に出てきましたが、私も登ったことはありません」と私は答えた。

野島さんは、お茶を飲み終えると、取り出した部品を丁寧に布でつつんで「また来る」といった。

その後、二度の訪問で阿部式電気時計は見事に復活した。それにしても野島さんは、自分もこんな大人になりたい、と思えるような清潔な身なりと、気品のある口調だった。

野島さんの素性を知ったのは、これからずっとあとのこと、一誠堂書店を辞した年であったと思う。野島さんの職業は、一誠堂では時計の修理を行っていたが、本来は人間の修理を担当する方、つまり医師だった。それに、在京某国立大学の学部学科を五度も卒業した経歴の持ち主だった。丹沢の山中で息を引き取られたと聞いて、あのときの柔和な表情が思い浮かんできた。

松村書店の松村さん

若い社員にとって、店舗の前の掃き掃除をすることは大切な仕事の一つだった。きれいにするのはもちろんだが、駿河台下交叉点から神保町交叉点までの靖国通りは、とにかく同業者の往来が頻繁で、あいさつを交わし、親睦を深めることができた。

同業者のなかでも、松村書店の松村さんは一誠堂書店の隣ということもあり、毎日顔をあわせた。松村書店は残念ながらいまはもうなくなってしまったが、美術関係の洋書を主に扱っていた古書店で、植草甚一さんの著作のなかにも登場した。松村さんは、とにかくいつも笑顔。側《かたわ》らに愛犬ハナを連れて会話をするのが常だった。

ある日、「何かスポーツやってる？」と松村さんは私に声をかけてくれた。

「水泳が好きです」

「おうそうか、俺も中学時代は水泳の選手で、バタフライが得意種目だった」

「バタフライは自分も好きです」

この会話がきっかけとなり私と松村さんはスポーツネタで言葉を交わすことになった。水泳にかぎらず、野球、サッカー、マラソンなどその時々に行われた競技が話題になった。大学ラグビーのシーズンが到来すると、大学時代ラグビー部に所属していた松村さんは、一層話に熱がこもった。身振り手振りを交えて、こと細かに解説してくれた。

「明治のフォワードは、身体《からだ》が大きすぎる。大きすぎるというのは、ただ太っているという意味で、あの走りでは早稲田には当分勝てないな」

「法政は、対抗戦から離脱したのがすべてだ。対抗戦とリーグ戦では注目度が違う。いくらスポーツ推薦枠があっても、いい選手があつまりにくい」

「その点、関東学院はすばらしい。伝統校ではなく、少ない部員からよくここまで強力なチームを築き上げた」

当時は関東学院大学の全盛期だった。

「日本でラグビーといえば、まず大学ラグビーだが、そのレベルは世界のトップチームから見たら大人と子どもほど差がある。追いつくためにはプロリーグ導入を検討しなければならない」

スポーツネタがエスカレートしていくと、掃除の時間だけでは歯止めがきかなくなり、ほかの店の社員であろうが、夕食に連れ出してくれることもあった。

あるとき、「今晩はやぶそばに行くから、仕事が終わったら待ってろ」と、『かんだやぶそば』に行くことになった。藪蕎麦《やぶそば》は、更科《さらしな》、砂場とともに江戸の三大蕎麦だということは何かで見知っていたが、松村さんとご一緒するまで暖簾《のれん》をくぐったことはなかった。『かんだやぶそば』は神保町からはタクシーでワンメーターもない距離。大正一二年築の数寄屋造りの母屋は、東京都の歴史的建造物に指定されているだけあり、佇まいに風流が感じられた。しかし、残念ながらこの母屋は二〇一三年二月に出火し、現在は焼失してしまった（店は二〇一四年一〇月に再開）。

ステッキをついた松村さんのあとにつづいて、敷居をまたぐと「せいろ～おかわり～」と女将《おかみ》さんの、まるで歌を詠むような美声がこだました。やがて運ばれてきた蕎麦を食べようとする私を見て、松村さんが一喝。

「おまえ、なにもわかってないな」

私は、恥ずかしながらそのときまで、蕎麦に食べ方があると知らなかった。蕎麦ちょこにつゆを注いで、薬味を入れて、それに蕎麦をつけてツルツル食べさえすればいいと思っていた。松村さんは野暮な私を不憫《ふびん》に思ったのだろう。蕎麦の食べ方というものを伝授してくれた。

「わさびは、つゆに溶かすのではなく、蕎麦にぬって食べるもの。つゆは、いっきに注ぐのではなく、必要に応じて少しずつ注ぎ足す」

「『やぶそば』の場合は、つゆが濃口だから、蕎麦の先端につけるだけでいいが、つゆが薄い老舗の蕎麦屋もあり、その場合は、たっぷりひたして食べていい」

松村さんは、神保町生まれの神保町育ち。正真正銘の江戸っ子である。

「おまえ、その調子だと、刺身と寿司《すし》の食べ方も知らないだろ。いいか、刺身もわさびは醬油《しょうゆ》に溶かすんじゃないぞ、醬油が新鮮でなくなるし、わさびの香りもとんでしまう。刺身に塗って食え」

「寿司も醬油のあつかいが大切だ、じょぼじょぼ豆皿の肌が見えなくなるほど注ぐんじゃないぞ、二、三滴注げば十分だ。醬油に表面張力がかかっているくらい。わかるか？」

「それとトロは食うな、シャコを食え。江戸前といえばシャコだ。いま出回っているのはほとんど岡山産だがな」

「おまえ、こういうことは池波正太郎の『男の作法』にみな書いてあるから、よく読んでおけ」

松村さんはとにかく豪快で気前がよかった。あるとき銀座のクラブにも連れていってもらった。ステッキをついて路上を歩く松村さんに、どこからともなく花束を売りに来る人がいた。松村さんは料金も訊かずに、花束を求めると、笑顔で数枚の高額紙幣を渡した。夜の銀座なのだと思った。

「いいか、おまえ、カネなんかじゃないぞ、まじめさ、素直さ、朗らかさ、こういうのが大切だ。受験勉強では身につかないし、いくらカネをつんでも買えない」と松村さんはまた笑っていった。

祖母と「坑夫」と『「いき」の構造』

一誠堂書店の書棚には、麴町《こうじまち》区史、京橋区誌、渋谷町誌、品川県史料など、東京の過去現在の区誌が揃っていた。品川県……区ではなく県。そんな行政単位があったのかと、「原稿取り」の合間にひらいてみると、どうも、明治二年から四年までの短い期間にだけ存在したらしい。おおむね現在の練馬区・杉並区・中野区・豊島区・新宿区・渋谷区・目黒区・品川区・大田区・世田谷区および多摩地区の東部・南部、埼玉県の一部をカバーしていた。

ある日の「原稿取り」。祖母が通勤していた「青山電話分局」の住所を確認したくなり、港区史をあたってみることにした。下巻の一三八四ページ、交通運輸通信の章に「青山電話分局」の記述はあった。

「太平洋戦争以前、港区地域に東京中央電話局芝分局、三田分局、高輪分局、赤坂分局、青山分局があったが、戦災によって高輪分局、青山分局が消失し、昭和二十年十月十四日両局とも廃止された」

「住所は赤坂区北青山四―一」とある。港区史によれば、現在の港区は、赤坂区と芝区、麻布《あざぶ》区がいっしょになってできた行政単位だった。港区という名称は、旧三区の主導権争いのはての妥協の産物だという。書棚から「大東京三十五區區分詳細圖集成　昭和十六年刊」を取り出して赤坂区北青山四―一を調べる。その番地は、地下鉄外苑前駅のすぐ上、青山通りの、渋谷方面を背にして左側を指していた。外苑前駅なら神保町から遠くはない。地下鉄で一五分ほどだから今日中に行ける。帰宅まえに赤坂区北青山四―一の現在の様子を確かめることにした。

神保町駅から半蔵門線に乗った私は、青山一丁目駅で銀座線に乗り換え、さらに一つ先の外苑前駅で降りた。祖母が東京に住んだ時代、すでに銀座線は開業していたから、祖母も外苑前駅を利用していたかもしれない。そう思いつつ電車に揺られると、一五分の距離だが、なんだかとても遠くに来たように感じられた。

一六〇円の切符を入れ、改札を開けてホームを出る。階段を上り、地上に出る。青山通りを往来する車は、渋谷方面に向かう車線も赤坂方面に向かう車線もぴくりとも動かない。おそらくどこかで事故があったのだろう。

街路樹が赤や黄色に色づいていた。赤坂区北青山四―一は青山一丁目駅に方向に少し戻るかたちになる。動かない車の列を後ろから歩いて追い抜いていくのは、時間を現代から過去に遡るような感覚だった。

通りの左側に注目して歩く。一九三〇年代の気配で止まらなければならない。「ファーストキッチン外苑前店」「養老乃瀧外苑前店」「ドトールコーヒー外苑前店」とチェーン店がつづき、いきなりそのあとに、「NTT東日本」の社屋が現れた。祖母が働いた「青山電話分局」は、NTT東日本青山ビルに生まれ変わっていた。十数階からなるビルの外壁には、たくさんの大きな窓がつけられている。旧社屋の特徴は、大きなアーチ状の窓が並んでいる外壁にあったことはすでにのべたが、旧社屋へのオマージュに違いないと思った。NTTという文字を見てこれほど動揺したことはなかった。

青山通りの車の往来は一向に動こうとしない。私はしばらくNTT東日本青山ビル前をうろつき、ときどき上を眺めたり、側面や土台の部分を観察したりした。どこかに旧社屋の名残がないか確認したくなったからだ。

しかし、しばらくすると、挙動不審人物だと思ったのか、制服に身を包んだ警備の人が私のほうに歩み寄ってきた。悪いことをしているわけではないが、爆弾をしかけたりしていると勘違いされるのも嫌なので、警備の人がいるのと反対側の青山一丁目駅のほうに退散した。

車道の車を足で追い越しながら、伊藤忠ビルの大きな玄関の前を通り過ぎると、絵画館前の並木道が現れた。銀杏《いちょう》の木が鮮やかに色づいて、独特の香りをはなっていた。ほどなくして青山一丁目駅の入口が見えてきた。

階段を下り、地下に入る。一六〇円の切符を入れ、改札を開けてホームに入る。ふと祖母が通勤していたころの駅はこんなには明るくなかっただろうなと想像する。ホーム天井を見上げると、奇妙なものがつり下がっているのに気づいた。近づいてよく見ると、それはラッパ状のスピーカーだった。そうとう古い。おそらく昭和初期の開業当時のものがそのまま残っているのではないだろうか。埃《ほこり》がかかっていて今は使われていない。これまで幾度か青山一丁目駅を使ったことがあるが視界に入らなかった。幻想ではないかと思ったが、しっかり目の前にある。駅構内に、これのほかに同年代の物体はないから、異様さが際立っている。駅員に質問した。

「ホームの先頭付近の天井からラッパ状のスピーカーがつき出ていますけれど、あれは何ですか？」

「あ、あれね。昔つかっていたアナウンス用のスピーカーだよ。いつからあるかはわからない。きっと戦前のものだね。いまはつかってないよ」

ラッパ状のスピーカーの下に戻り、まじまじと眺める。いまはもう振動しないこのスピーカーは何を発してきたのだろうか。車両の到着、出発、ドアの開閉、遅れを告げるアナウンス……戦中期なら、もしかしたら空襲警報を伝えたかもしれない。地下鉄に揺られ帰路についた。

その晩、中野ハウスに戻った私は、変な夢を見た。

私は、また青山一丁目駅のホームに立ち、銀座線の電車を待っていた。カバンのなかをのぞくと岩波文庫の九鬼周造『「いき」の構造』が入っていたが、どこに行こうとしているか、あるいは、どこからかの帰りなのかはわからない。そのとき、あのラッパ状のスピーカーが唸《うな》りをあげた。

「空襲警報発令！　空襲警報発令‼　敵機Ｂ29の編隊接近」

私は、どうやら昭和二〇年の東京にいるようだ。

地上から、地下に降りてくる人で構内は、いっぱいになる。

しかし、そこにいた私には人々の流れに反して地上に出ようという衝動が走った。

私は改札をくぐり階段を駆け上がった。

「空襲警報発令！　空襲警報発令！」

サイレンとともに緊急を伝えるアナウンスが街にも鳴り響いていた。防空壕が脳裏をよぎった。そうだ防空壕に逃げなくてはならない。空襲のときこそ動揺してはいけない、すみやかに防空壕に移動するのが決まりだ。防空ずきんも忘れずに被《かぶ》らなければならない。勝手な行動は許されない。祖母から聞いた話の細部がつぎつぎに蘇ってくる。

しかし、周囲を見渡してみても、それらしきものはない。間に合わないが掘るしかない。とにかくB29が襲来したら防空壕に逃げるのが掟なのだから。

私はいつのまにか坑夫のかっこうをしていた。それは子どものころあつめていた産業図案切手の坑夫だった。歩道の花壇に歩み寄ると、どこからともなく手にしたスコップで穴を掘りはじめた。力のかぎり掘った。しかし穴はなかなか大きくならない。大きくならないどころか、掘る手が震えてきた。遠くの空から、エンジン音が聞こえてきたからだ。いよいよB29の編隊のお出ましだ。その音は、またたく間に耳をつんざく轟音に変わった。どこからか高射砲を撃つ地鳴りが響いた。しかし私は、その高射砲では、B29が飛ぶ高度まで届かないことを知っていた。おそらく撃っている兵隊も知っているだろう。それでも高射砲はまた空を撃った。届かない砲弾は地上に落ちてくるだろう。

渋谷方面の空からB29の編隊は姿をあらわした。首尾よく胴体のハッチが開いた。焼夷弾の束がつぎつぎに機体から落下してくる。祖母が見たのと同じ焼夷弾の雨嵐。スコップを手に呆然《ぼうぜん》と立ち尽くしていると、「バカ、逃げろ」と叫んで私の手を引いた人がいた。若い日の祖母だった。いまの自分より若い。

「防空壕なんか掘ってる場合でない」と若い祖母は私にいった。スコップを地面に突き刺した私は、若い祖母と一緒に青山通りを外苑前駅のほうに向けて駆けだした。爆発音が周囲で鳴り響く。青山電話分局に地下壕があるからそこに避難するのだという。否、待て。「港区史」によれば青山電話分局は空襲で焼けたはずだ。そっちのほうに行ってはいけない。聖徳《せいとく》記念絵画館前の並木道で、若い祖母を強引に連れて、右に曲がった。絵画館は焼けてないはずだから、その方向に逃げればとりあえず安全だろう。

しかし次の瞬間、私は、あっ、といって身体が一瞬かたまった。前方の路上に焼夷弾が落ちてくるのが見えた。炸裂《さくれつ》!!

若い祖母と私は地面に伏せた。しばしの静寂……死んだのだろうか……。しかし意識はあり、手も足もある。爆発音ではなく静寂……それは炸裂していなかった。不発弾でもなかった。近づいてみるとレンガのような物体、否、レンガでもない。手にとってよく見ると福沢諭吉が印刷された紙幣の束である。紛れもない札束である。通りにいる人は、みな札束を拾いはじめた。私も必死に拾いはじめた。古本が買えるどころではない。数年暮らせる。権利を主張する必要もない。B29の編隊はどんどんやってきて、どんどん札束を落としていった。空中で帯がほどけてしまった札が、紙吹雪となって、そこらじゅうを舞っていた。上空を見ると今度は、B29の後方から零戦が飛んできた。B29を追撃するのかと思って凝視していたが、零戦は意に反して、旋回しながらB29と並列になり、いかにも仲睦ましげに、西の方の空に飛んでいった。私はただただ札束をカバンとポケットにつめ込んだ。カバンのなかには札束と一緒に『「いき」の構造』が入っていた。

ここで、これは夢なのではないかと思って、目をこすったら、やはり夢だった。

同潤会江戸川アパート

一誠堂書店に入社したことにより、以前にも増して「本」との関係が密になっていった。日々、数万冊の本に囲まれながら仕事をし、そのうえ落丁調べをとおして、自分の手元を古今東西の本が通過していく。お客さんからは、聞いたこともないような本のタイトルを尋ねられる。一日仕事をすれば、本の知識が一日分増えていく感覚があった。お酒やギャンブル、車といった趣味のない私にとって、一誠堂書店はこのうえなく居心地のよい職場だった。

一方、「散歩」のほうもますます熱を帯びていった。たとえば、三菱《みつびし》の岩崎彌之助と岩崎小彌太の父子二代によって設立された静嘉堂《せいかどう》文庫美術館。三菱・三代当主岩崎久彌氏が設立した東洋学の研究図書館・東洋文庫。大日本史料と大日本古文書を編纂《へんさん》している東京大学史料編纂所。加賀前田家の収集した古典・古記録・古文書等の図書館・尊敬閣文庫。週末になると、このような本と関連のある施設に出かけることに余念がなかった。

そして、どうしても訪ねたい場所の一つに同潤会江戸川アパートがあった。対外宣伝誌の参考書を読んでいるうちに、『FRONT』のデザインを担当した原弘が住んでいたということを知り、また、日本工房が刊行した対外宣伝誌『NIPPON』の創刊号の表紙を飾ったアパートであることも知った。住所は新宿区新小川町。飯田橋と江戸川橋のあいだの地域だから、神保町からは行こうと思えばいつでも行ける距離。しかし、その近さがかえってあだとなってなかなか行けずにいた。

厳しく冷え込んだ二〇〇三年の冬のある日曜日、同潤会江戸川アパートをめざした私は、東西線の神楽坂駅に降り立った。一番出口を上がり、赤城《あかぎ》神社の境内に入り、左手奥にある赤城下町に抜ける階段を下りた。当時はまだ、いまのようなコンクリートとガラス張りの建築ではなく、伝統的な木造の社殿だった。北の方の空はいまにも雪が降り出しそうな分厚い雲に覆われていた。

小さな印刷工場や製本工場がいくつも立ち並ぶ路地を通り抜けると、ほどなくして、鬱蒼とした樹木とともに、年季の入ったコンクリートのかたまりが見えてきた。同潤会江戸川アパートの最初の印象は、樹木とコンクリートが一体化した外観と、低く垂れこめた雲から、あたかも映画『風の谷のナウシカ』に登場しそうな建造物に見えた。

「江戸川アパート」と縦に書かれた表札を確認し門扉をくぐると、ロの字型の中庭に、鉄棒、ブランコ、ジャングルジム、滑り台などの遊具が点在していた。しかし、どの遊具も錆《さ》びついていて、完全にもう過去のものになっている。寒空の下、人影はない。白黒写真を見ているようだった。

南側の棟の玄関から上につづく階段が見えた。玄関には大きな円形の柱がうってあり、ステンドグラスが施された円形の窓も美しい。きっとどこかに地下につづく階段もあって、そこにはボイラー室があるのだろうと思った。昭和初期に建ったこの種の建物には、必ずボイラー室が備えつけられ石炭が用意されているに違いない。今日のように寒さの厳しい日には、石炭を燃やして暖をとっていただろう。そう考えながら階段をのぼり、三階の踊り場にたどり着くと、ポストに「成島フラワーアレンジメント教室」という表記があった。該当の番号の部屋のドアにも、やはり同じ表記がある。おそらく、お花を教える教室なのだろう。もしかしたら、この部屋をノックすればなかの様子を見せてもらえるかもしれない。そう思った私は、迷わずドアをノックした。

ほどなくして、「ハイ」という返事とともにドアが半分あき、女性が顔を出した。

「すみません。本当にいきなりで不躾《ぶしつけ》なのですが、こちらはお花の教室なのですか」

「ええ、そうですよ。あなた、さっきからお庭でキョロキョロしていたでしょ。来るんじゃないかと思ったわ」と意表をつかれる返答。

まだこのころは、同潤会江戸川アパートを見学する人が少なく、警備が比較的おおらかだった。後日、解体が正式に決まってからは、住人以外は決して入ることが許されなかったという。

「こちらのアパートは賃貸ですか。もし借りられるとしたらどこの不動産屋で取り扱っていますか」

私は、反射的にそういった。せっかく半分開いたドアなのだから、何とか突破口を見出したかった。

「賃貸で住んでいる人もいるけれど、多くは持ち家よ、昔からの」と女性はいった。

「それに解体が検討されているから、これから貸そうという人はいないわ。残念ね。でも管理しているのは、すぐ先の神楽坂商事という不動産会社だから、そこで訊いてみるといいかも」

女性は、編みの目の細かいグレーのニットに、ほどよく色落ちした大き目のブルーのデニムをはいていた。これで会話はおしまい、というような間合いになった。

「あの……すみません。なかを拝見させていただくことはできませんか」と私は思い切って、言ってみた。いまにして思えば、よくもそんな非常識な言葉を口にできたものだと思う。だいたい、自分が反対の立場なら、どこの馬の骨ともわからない人物を家に入れることはない。

しかし、その女性は、「いま、ちょうど教室が終わったところだから、見学ついでにどうぞ」といった。

こうして私は同潤会江戸川アパートの内部に入ることができた。玄関を入って右手に大きな窓があり、その窓のついた部屋がアトリエになっていた。窓の外には、中庭の樹木がせまって見えた。テーブルの上には白磁の大小の花瓶が置いてあり、その傍らにはまだ、紙にくるまれた生花が積んであった。案内されて私が椅子におそるおそる座ると、「紅茶でいいかしら」と女性はいった。その女性は、名前をやはり成島さんといった。

「生まれたときから、ここに住んでいたけど、現在は別の場所に自宅を移して、この部屋をお花の教室につかっているの。しかし、もうお花の教室も春にはおしまい。ボストンでしばらく生活するから」と紅茶を入れながら成島さんは話してくれた。

「ボストンに行っているあいだ、しばらく貸したりはしないのですか」

「ボストンには夫の仕事の都合で行くの。ときどきは帰ってくるから、それはできないわ。残念ね」

成島さんは、二〇代後半くらいに見えるが、おそらく自分が考えている以上に年上なのだろうという直感があった。

自分は、決して怪しいものではなく、神保町の古本屋で働いています。いまは古本屋で修業中の身です、と話した。

「それじゃ、私より、ひと回り以上は下なのね」と成島さんは笑っていった。

「自分はお花を生けたりしたことはないのですが、花自体には興味があります」と私はとにかく話題をつなごうと切り出した。

「花は、いってしまえば、植物の女性器ではないですか。それをまじまじと眺めたり、愛《め》でたりする行為には、何か深層心理で意味がありそうな気がします」と紅茶をすすりながらいってみた。

「あら、ずいぶん、陳腐なことをいうわね。誰か偉い人の本にでも出てきそうな台詞《せりふ》だな。女性器という言葉を使ってみたかったのかしら」と成島さんは、見透かしたようにいった。たしかに私の発言は、澁澤龍彥の何かのエッセイに出てきたくだりを、そのまま思いつきで口にしたまでだった。

「自分の言葉で話ができるようになれば、修業も終わりということかしら」と成島さんは追い打ちをかけた。

「もし花について、もう少し気のきいたことをいいたければ、その書棚にある岡倉天心の『茶の本』を読むといいわ」

書棚には、英文の『茶の本』と翻訳者別の和訳の『茶の本』が数冊あった。私は岩波文庫の『茶の本』をとった。数ページめくってみたが、字が細かいうえに、昭和初期の言葉づかいが読みにくい。「いったい、どこに少し気のきいたことが書かれてあるのでしょうか」などと口にしてみれば、成島さんとの距離が、もう少しだけ近くなるかもしれない、と打算めいたことがよぎった。しかし、そうはならなかった。

「古本屋さんなんだから、時間があるときに、花の見解をゆっくり読んでみたら」と成島さんは、すましていった。

この発言のかなめは、「時間があるとき」と「ゆっくり」という単語にあると察した私は、去り際が肝心なのだということを悟った。

「ありがとうございました。なかを見せてもらえて本当によかったです」とお礼を述べ、寒空の下に戻った。

成島さんがいったとおり同潤会江戸川アパートは、ほどなくして解体された。

岡倉天心『茶の本』には、たしかに、「花」について書いてあった。

また、「花」のことではないが、次の文章も印象的だった。

どのような状況でも心の平穏を保ち、会話が周囲の調和を乱すことがあってはならない。着物の形や色も姿勢も歩き方も、すべてその人の芸術的な表現となりうる。これらを軽々しく扱ってはいけない。おのれを美しくすることとなくして、美へ到達することはできないからだ。そうしてこそ、茶人は芸術家であることを超え、芸術そのものに近づこうとする。それこそが禅の美学である。完璧なものは、見つけることさえできればいたるところにあるものだ。

とても短いご縁だったが、この文章は成島さんのような人を指していうのであろうと思った。それからは『茶の本』を読み返す度に、グレーのニットとブルーのデニムをはいた成島さんの姿が思い出された。

あのとき、去り際の予定調和を意図的に崩したなら、江戸川アパートの内部を細部にいたるまで、もっと見ることができたのかもしれない。そして「完全は不完全があってこそ成立する」という考え方がありますが、どう思います、と尋ねれば成島さんは何と答えるだろうかと想像した。

同潤会江戸川アパートが解体されてほどなくして、いよいよ中野ハウスも解体されることが決まった。元石炭置場に詰め込んだ本を整理しているとき、あの『坑夫』が姿をあらわした。私はそれをダンボールに入れて、神楽坂のアパートに引っ越した。

3

「森岡書店」の日々

ここで古本屋をはじめたい

二〇〇六年の一月、私は茅場町の古美術店「うちだ」を訪ねた。「うちだ」は古美術だけでなく作家の器や道具を扱い、ときには店内で写真展を開催する店舗として知られていた。もともとは麻布十番に立地していたが、なぜか茅場町に引っ越していた。

茅場町は地下鉄東西線の駅のはず。東西線は、毎日の通勤で使っているが、これまで一度も降り立ったことがなく、いったい何区にある地名なのかもはっきりしない。地図で確認してみると、茅場町は中央区の町名。東京証券取引所の最寄駅になっていて、意外と東京駅からも近い。「うちだ」のホームページをよく見ると、たしかに東京駅徒歩一五分と書いてある。「うちだ」は、茅場町駅3番出口を下車して一分。霊岸橋という橋のたもとのビルに入居していた。

そのビルの姿が見えてきたとき、麻布十番からここに越してきたわけがすぐに理解できた。そのビルもまた昭和初期の近代建築だった。自分のこころのボルテージが急上昇していくのがわかった。玄関のドアを押すと予想以上に重い。まるで関係ない人は入るなといっているくらいの反動で押し返してくる。正面の階段は、改修している部分が見受けられたが、一誠堂書店の階段と同じ材質を用いているところも残っていた。梁もかなり太い。昭和初期に建ったビルは、一階の天井は高いが、二階より上は低く抑えられていることが多い。しかし、階段を上がると、このビルは二階以上の天井も高く、壁の質感も重厚ですばらしい。おそらく、ふんだんな予算があてがわれたのだろう。建物のどこかには石炭置場があったに違いない。

三階へあがると、「うちだ」と印字してあるドアがあった。そのドアを開いてあらわれたのは、予想外の明るい部屋だった。予想外というのは、都心に建つ昭和初期のビルの部屋は、どこも薄暗い印象があったからだ。外側に面した壁に、四つの大きな窓があいていて、そこから入る光が部屋のすみずみまでまわっていた。開け放たれた窓から外をのぞくと、なんと眼下には運河が流れていた。

店主と思われる人は、ほかのお客さんと会話をされていた。ビルの設えに気を取られていたが、店内の様子が、なんだかおかしいことに気づく。商品が少ないうえに、お客さんの出入りも、古美術店のわりに慌しい。壁に貼ってある一枚の張り紙が目に入った。読んでみると、それは長野で有機農業をはじめるため店舗を引き払う旨の挨拶文だった。

私はそれまでにたくさんの近代建築、昭和初期に建ったビルを見てきたつもりだが、壁の質感、天井の高さ、建物の保存状況のよさ、賃貸可能な物件のなかで、これほどの物件は、ほとんど残っていない。それに窓の外に運河が流れている点は、ほかに類例がない。東京の運河は一九六四年のオリンピックの開催時に、ほとんどが埋め立てられ高速道路になってしまっている。

私はお店の人に話しかけた。

「あの、すみません。張り紙を見たのですが、長野で有機農業をはじめられるのですか」

お店の人とは初対面だったが、その経緯を丁寧に説明してくれた。

「この場所で古美術店をつづけたいという気持ちもあるが、数年前からはじめた有機農業に、真剣に取り組むことを決めたんだ」

「この部屋はどうなるのですか」

いうと同時に、この部屋が、もし古本屋であったならば、という妄想が脳裏をよぎっていた。

「デザイン事務所にしたいという人と、そのまま引き継ぎたいという古美術の同業者がいるけれども、正式には何も決まっていない」とお店の人はいった。

次の瞬間、私の口は衝動的に動いていた。

「ここで古本屋をやりたいです」

お店の人は思っていたとおり店主の内田さんであった。内田さんは、「このビルは昭和二年に建ったけれど、この場所で古本屋というのは、やり方によってはおもしろいかもしれない」と頷《うなず》いてくれた。

そして、「何をはじめるにもそうだけど、最初の一年くらいは、本当にキツイよ」とつけ加えた。幸か不幸か、本当にキツイというのは、何のことを意味しているのか、このときにはわからなかった。私はただ、昭和二年築のビルの趣に完全に魅了され、「ここで古本屋をやってみたい」という衝動がこみ上げてくるのを抑えきれずにいた。

「このビルに石炭置場は残っていませんか」

「それは、わからないな」

「それでは、なにか物置になっている倉庫のようなスペースはないですか……」

「あ、それなら、二階の踊り場の流し台の脇に、古い扉があって、そのなかは物置になっているけど……」

私は二階に降りて、その扉を確認した。蝶《ちょう》の文様をあしらったクラシックな鉄製の扉、開けるとなかは、意外に広く、一部に古新聞紙が入っていた。そして床には滑車が通せるような溝があった。中野ハウスの石炭置場と同じ構造だった。

独立のスイッチ

「うちだ」をあとにして地下鉄に入ってからも、その思いはどんどんエスカレートした。あの物件のあの部屋は探そうと思って探せるものではない。これは、千載一遇のチャンスなのではないか。いや待て、ちょっと冷静になろう。いまの仕事に何か不満があるわけではない。それに古書の販売が年々厳しさを増しているのは十分承知している。「日本の古本屋」や「Amazon」、「AbeBooks《エイブブックス》（現在はAmazonの傘下）」など、インターネットで検索すれば、探している本がすぐに見つかる時代。とくに史料ものはつぎつぎにデジタル化され、紙媒体よりも効率よく調べ物を行える環境が整いつつある。その完成は遠くない将来に必ず実現し、そうすれば紙媒体の史料ものは、過去の遺物と化すことは避けられない。まるでエネルギー革命が起きて石炭が辿《たど》った運命のように。一誠堂書店のような大店《おおだな》は体力があって支えることができるだろうが、私のようなものがこの時期に独立することは、荒海に飛び込んでいくような行為ではないか。独立はとんだ落とし穴なのではないか。

しかし、なんど自問自答してみても、否、考えれば考えるほどに、独立の方向に傾いていく自分がいた。あの茅場町のビルならば何とかなるかもしれない、という直感が頭から離れない。その直感を支えていたのは、東京あるいは日本の各地に点在する、一見、商売が成り立つとは考えられない場所に立地しながらも、確実にお客さんの支持を得ているお店の存在だった。もちろん「うちだ」もそのお店のなかの一つだし、麻布十番の「さる山」（二〇一九年三月閉店）、神楽坂の「ラ・ロンダジル」、恵比寿の「アンティークス タミゼ」、江戸川橋の「リムアート」（現在は恵比寿）、栃木の黒磯《くろいそ》にある「SHOZO CAFE」、伊賀の山中にある「やまほん」のようなお店が念頭にあった。私は、こういう路地裏に潜んでいるお店を探しながら歩くことが好きだったし、この思いを共有する人々が確実にいる。そして、そのお店の代表格は、目白の「古道具坂田」であった。

それと石炭置場の存在が気になっていた。私は石炭置場に縁がある。

ほどなくして私は意を決し、おそるおそる一誠堂書店の専務に退職願を提出した。おそるおそるというのは、これまでの一誠堂書店での仕事は、昔風にいうところの修業だったからだ。本を覚える日々。仕事というよりは、むしろ学校に通っている感覚があり、それを中退する、というのは専務に対して申し訳ない気持ちがあった。

専務は引き止めてくれた。これはおそらく形式的なものだったとは思うが、そうだったとしても嬉しかった。

このとき私は三二歳。独立するには、ちょうどいい時期にさしかかっていたのかもしれない。これまで一誠堂書店から独立した人の多くは三〇代前半だった。いまにしてみれば、一から何かをはじめるに十分な体力があったし、古本屋としてそれなりの経験もあった。ただ茅場町のビルに出会うことがなければ、この方向性が芽生えたりはしなかった。張り紙を見た瞬間に、独立のスイッチが入ったといっていいだろう。その後の自分の針路を大きく変えていく発端だった。あの日に「うちだ」を訪れたのは、まさに運命だった。専務は、最終的に快く送り出してくれた。二〇〇六年三月末日をもって、八年間勤めた一誠堂書店を退社することが決まった。

また、このときに屋号を「森岡書店」にすることも決めた。一誠堂書店から独立した本屋は、例えば小宮山書店、八木書店、山田書店など、苗字プラス書店の形式をとることが多かった。自分もこれにならいたかった。

こうして一誠堂書店を退社した私だったが、はやる気持ちばかりが先行して、肝心の売り物となる本は、あまり持っていなかった。売り物となる本とは、写真集。自分の店舗では写真集を中心に扱おうと決めていた。写真集は、写真を見せるツールとして完成したかたちを有しているので、史料ものの書籍が持つ、デジタル化へのリスクがほとんどない。そして何より、自分自身が写真集を好きだった。

一誠堂で働きながら部屋中に本をあつめていたが、写真集は多くなかった。とても一軒の古本屋を開業できるほどの量はない。商品となる写真集の買いつけは、開業後の行く末を左右する仕事になった。

買いつけはプラハとパリ

開業資金は五五〇万円ほど集めた。これまでの貯蓄と、一誠堂書店で八年働いた分の退職金のすべてをつぎ込んだ。親族からの融資も得た。自分にとっては、莫大《ばくだい》な金額だが、事業をはじめるに当たっては決して十分な額とはいえない。

本来なら、写真集の仕入れに五〇〇万円くらいはほしい。しかし実際には、物件契約の際に、集めた資金の半分以上を費やさなければならなかった。ビルの趣から受けた衝動ではじまった独立だから仕方ないとはいえ、これではきつい。

新規事業支援制度なるものの存在を知り、中央区役所の窓口に相談しにいってみた。係の人は時間をかけて話を聞いてくれたものの、「ビルの三階で古本屋」という事業内容では、どの金融機関も融資しにくいでしょうといって、交渉を打ち切った。

また、搬入・改装等の店舗設備の準備で二ヶ月ほどかかるため、その分の家賃五〇万円程度も初期費用として必要になることが判明した。什器《じゅうき》、そのほかの備品などはなるべく費用を抑えたが、それでも一〇〇万円ほどかかってしまった。古書組合の加入費も支払いを済ませ、手元に残った写真集を仕入れるための資金は一〇〇万円ほどであった。

綿密に計画を練った独立ではないため、退職願の提出も、賃貸の契約も、そのほか役所関係の手続きも、すべて場当たり的だった。でも買いつけ先だけはよくよく考えてプラハとパリに行くことに決めた。一〇〇万円の仕入れ予算は、最大限有効に使わなければならない。プラハを選んだのは、あまり知られていない、東欧の写真家の写真集をあたらしい店に並べてみたいと思ったからだ。

一誠堂書店には、ほぼ毎日本を売りにくる人がいる。二〇〇〇年初頭のある日、チェコの本を大量に持ち込んだオランダからの同業者がいた。はじめて一誠堂書店の店内に入ったらしく、洋書売り場の二階ではなく、一階にいる私の前で本をひらきはじめた。

そのころ、古書業界では、世界的にチェコの本が脚光を浴びていて、カレル・タイゲやヨゼフ・チャペックに代表されるチェコ・アバンギャルドの本が市場に流出していた。オランダの同業者が持ち込んだ本も、デザイン性に優れたそれらの本が中心の品揃えだった。一階に洋書担当者はいないので、二階にあがってもらうよう伝えたが、そのとき垣間見《かいまみ》た本のなかに、古い写真集が混じっていた。ヨゼフ・スデク、ヤロミール・フンケ、たしかに当時の日本では珍しい写真集で、私はこの名前をメモに残した。

また当時はプラハの書店が、いろいろな雑誌で紹介されていた。知人の同業者も仕入れにいっていて、とにかく驚くほど値段が安いと話に聞いていた。仕入れ資金が多くないので、単価の安いプラハで量を稼ごうと考えた。あわよくば、紹介されたことのない写真家の写真集も発見できるかもしれないと意気込んだ。

パリでの目当ては「didierlecointredominiquedrouet」という長い名前の書店。これまたいろいろな雑誌で紹介されていて、ネットのHPを見ているだけでも、同業者としてはうらやましすぎる品揃えだった。値段は高いと思ったが、お店の看板となるような写真集をここで入手したいと考えた。ちなみに、この長い書店名は、一見して読めないことに意義があるそうだ。文字と対象が一致するという文字が持つ役割を無視し、単なる記号ないしデザインとして扱われている。

バスが来ない

かくしてプラハの空港に到着したのは、東京なら真冬並みの気温とも思える四月上旬の深夜だった。到着ロビーに観光客の姿はなく、プラハに馴染《なじ》みのないものは、私だけのように感じられた。飛行機の隣の席に座っていた人が目の前を通りすぎたので、これも何かのご縁と挨拶してみたが、無視された。深夜着なので、電車は動いていなく、乗り合いタクシーに乗ってホテルに向かった。乗り合わせたルクセンブルクから訪れたという老紳士が陽気に話しかけてくれたので、不安が少し和らいだ。

プラハでは二日間しか日程がない。ホテルに着いた私は三時間ほど仮眠をとって、すぐ早朝の街に出た。古本を仕入れるまえに、発送の手続きをすることになる、プラハ中央郵便局の場所を確認しておきたかったからだ。その間、古本屋はどこでも現金がものをいう商売だろうから、手持ちのユーロをチェコ・コルナに換えて、まだ見ぬ写真集への期待を高めていた。

ところが、本屋が開く時間と同時に、念入りにリサーチしたはずの書店をまわってみても、いっこうに求めたい写真集が見つからない。写真家のリストを渡してみても、出てくるのは、東京の新刊書店で買える本だったりする。古い写真集はプラハでも品薄なのだろうか。たしかに、これぞチェコのデザインという良本はたくさんあるのだが。午後になり、買った本を郵便局から送ってみて、いよいよやばいと悟った。この調子でいくと、仕入れの量が少なすぎる。開業時に店に並ぶ本が覚束ない。

日本を出るまえに読んだ雑誌『TITLe』のプラハ特集号に書かれていた、チェコで古本を探すなら、プラハから一〇〇キロ近く離れているリベレッという街の本屋に半日かけてでも行くといい、との記事が脳裏をよぎった。当初の予定にない行程だが、残りはあと一日しかない。決心した私は、郵便局の近くの古本屋で、お店の名前とおおよその場所を訊いた。バスのチケットは、フローレンツにあるバスターミナルで買えるという。地図を見るとフローレンツはホテルから遠くないところなので、歩いて行ってみることにした。

プラハにしてはもの寂しい通りがつづいていて、迷ったかと思ったが、ほどなくして大きなバスターミナルに着いた。窓口でリベレッと書いた紙を渡すと、何とか無事に翌朝の席を押さえることができた。

朝になり、八時の出発に合わせて、私は乗り場でバスを待った。チケットに記された指定の乗り場は一二番。ところが、ほかの街に行くバスはどんどん発車していくというのに、一二番の前には一向にバスの来る気配がしない。八時が迫っているのにまだ来ない。乗客もいない。

さすがにおかしいと思った私は窓口に駆け込んだ。係のおばさんは、たしかに八時に出発するが、場所はここではなく、地下鉄B線の終点にある駅のバスターミナルだと平気でいう。すでに八時の便には間に合わないが最後の九時の便にはまだ席があるともいう。

このやり取りを稚拙な英語で交わしたのか、筆談で行ったのか忘れてしまったが、とにかくチケットをあらたに買いなおし、地下鉄B線めがけて走った。当然はじめて利用する駅なので混乱したが、ビラを配っている少女にたずねると、親切にも簡潔に道順を示してくれた。きっとあまりの形相に何事かと思ったことだろう。

地下鉄B線の終点に着いてみると、たしかに広大なバスターミナルが広がっていた。だが、時計の針が指しているのはすでに九時。そしてなんと目の前を「リベレツ」と書いたバスが通り過ぎようとしているではないか。行き当たりばったりの計画がここで破綻したと観念した瞬間、すぐ前にいた人が、大きく手を振りながら、おそらくチェコ語で「止まれ」と叫んだ。バスは止まった。そして、それに乗じて私も乗り込むことができた。ご先祖様に感謝しながら席につくと、バスはリベレッツに向けて高速道路を猛スピードで飛ばしまくった。

しばらくすると、バスのなかに、比較的大きい声で日本語を話しているご婦人が二人いることに気づいた。場の雰囲気にかなり慣れている様子で、初心者には非常にたのもしく見え、到着するなり事情を説明した。お二人の旦那さんは、商社のプラハ駐在員で、きょうはリベレッツにランチをしに来たという。事の成り行きで私もランチにご一緒させてもらうことになった。プラハに着いてからは、スタンドの安価なホットドッグばかり食べていたので、レストランで出してくれた料理は、とにかく美味《おい》しかった。

話を聞いていると、お二人のうち一人の榊原さんは、とても本好きな方で、目指していた本屋をご存知とのこと。プラハで写真集を扱っているお店も紹介してくれた。それからポーランドのクラクフは空襲にあっていないから古い本がたくさん残っているとも教えてくれた。またバスに乗るときの顚末《てんまつ》を話したら、チケットを買いに歩いた寂しい通りは、川の洪水のときに被害があった地域で、復興しておらず治安が悪いから絶対に近づいてはいけないと注意され、ぞっとした。

榊原さんに案内してもらい、本屋に行くと、やはりほしかった写真集がたくさんあった。求めていた、見たことも聞いたこともない写真家の写真集も買うことができた。これでとりあえずひと安心。お二人に丁重にお礼を申し上げる。会計を済ませ近所の郵便局で発送の手続きを行い、とんぼがえりでプラハに向かった。

ドアの向こうの秘密の部屋

本好きの榊原さんのおすすめの本屋は見逃せない。

プラハに戻って、カレル橋にほど近い店の前にたどり着いたのは六時三〇分ころだった。ドアを開けようとしたが残念ながらもう閉まっている。しかしあきらめるわけにはいかない。ダメ元でたたく。ご迷惑だろうが、いるのなら出てきてほしい、こっちにはあとがないんです。念を込めてしばらくたたきつづけると、ギーという音を立て扉があいた。

出てきてくれたのは、スタッフの女性だった。自分の書店を開業する事情を説明し、明日の朝にはパリに出発しないといけないから時間がない、どうかいま、本を見せてほしいとつけ加えた。

「これから、タンゴの稽古があるから、それが終わる八時にここに来てくれるならいい」という慈愛に満ちた答えが返ってきた。

ありがたい。私は休憩と夕食をとるため一旦ホテルに引き返すことにした。

いい気分でホテルに入り、笑顔で鍵を受け取る余裕も芽生え、エレベーターに乗り込むと、事態はいきなり暗転した。エレベーターが止まった。照明も消えた。頭をよぎったのは故障という二文字。最悪の状況が急転直下でやってきた。よりによってこんなときに。いつここから抜け出せるのだろう。安宿にしたツケがここにきて回ってくるとは……。

逃げ場のない絶望感が押し寄せた。仕入れどころではなくなり、私はかなり狼狽したが、同乗していた人の口調は穏やかだった。もちろんなんといっているかわからないが、「いつものことさ」、みたいな感じだった。とにかく待つしか方法がない。どれくらい経ったのだろうか、いきなり照明が回復し、いきなり上に動き出した。扉が開いたときは本当に助かった思いがして胸をなでおろした。しかし安心している余裕はない。現実にはかなり時間をつかってしまっていて、ホテルで休んでいるどころではない。八時に門扉の前に戻ることが最優先で、とにかく来た道を引き返した。

なんとか八時まえに門扉をたたくと、まだタンゴの稽古から帰っていない様子だった。そこに座り込んで待つこと約一時間。スタッフの女性はタンゴの仲間と一緒に現れて、鍵をあけてくれた。お店のなかには、榊原さんがいったとおり、好みの写真集があった。何冊かを机の上につみあげると、彼女は奥の間に通してくれた。

そう、ドアの向こうには上顧客しか足を踏み入れることが許されない奥の間があったのだ。

ふだんならぜったいにまたぐことはないだろう敷居をまたぎ、あかりをつけてもらうと、プラハだけでなくヨーロッパ中から集められた貴重な本が壁一面にズラリ。書棚の最上部に『Kytička』というとても美しい花の写真集を見つけた。はじめて見る写真集で刊年は一九四四年。歴史的にも何か意味がある年号かもしれない。値段を確認してみると、手の届かないところにあるだけあって、腰が抜けそうなくらいに高い。しかし迷っている時間はなく、これも何かのご縁だし、疲れた身体を癒してくれるほどの美しさなのだからと買うことにした。

選んだ本をまとめると、たぶん四〇キロぐらいにはなっただろう。値段の交渉や梱包《こんぽう》をしているうちに時計は夜の一二時をまわっていた。問題なのは、また歩いてこの本の荷物をプラハ中央郵便局に持っていくことだった。プラハの郵便局のなかで、ここだけが二四時間あいている。いまにして思えば、そのスタッフの女性に発送をお願いすればいいものを……。とにかく開けてくれたお礼をいって店をあとにした。闇夜のなか、見知らぬ異国の街を、一人で地図を片手に歩くのはさすがに怖かった。しかも石畳の道を重いカートを引くのは難儀なのだ。

もし暴漢に襲われたらどうしようか。誰一人、通行人のいない道を歩いていると、そんな思いがこみ上げてこざるを得ない。①戦う。②逃げる、③お金を渡す。三つパターンをシミュレーションしてみた。①の戦うはやはり無理がある。私に武術の心得があるわけでもなく、相手が凶器を持っている可能性も高い。イチコロであろう。②の逃げるにも分がない。だいたい道がわからないうえに、この時点でそうとう体力を消耗している。ダッシュしても、あえなく捕まってしまうのが関の山だ。残念ながら、③のお金を渡すしか方法はないだろうか。これではまったく情けないが、この本がなければお店を開業できないから仕方ない。命があるだけよしとしよう。

そうこう妄想しながら歩いていると、プラハ中央郵便局の建物が見えてきた。わずか四〇時間ほどまえにはじめて見た建物であるが、慣れ親しんだ場所に戻ってきたように感じられた。すべての作業を終えてホテルに戻ったのは午前二時ごろだったろうか。エレベーターを使わず階段で部屋に入った。安堵感と脱力感がいっきにこみあげてきた。しかし、数時間後にはパリに向けて出発しなければならない強行スケジュールである。次はいつ来られるのだろうか、垣間見たプラハは本当に中世のように美しい街だった。

ル・コルビジェの写真集

飛行機は定刻どおりに空港を飛び立った。機内ではまだ見ぬパリの街に期待を高めながらようやく眠りについた。しかし数時間の飛行ののち、パリの宿泊先に到着した私は、またすぐに狼狽させられるはめになった。ムーランルージュに近いエリアだったと思うが、直感的に周囲の治安がよくないと感じた。夜の街という雰囲気の店が多く、路肩から何だか見られている気もする。しかもロビーでは中学生とおぼしき少女が一人でチェックインを担当しているではないか。

薄暗い階段の先にある部屋に入ると、隣の部屋からののしりあう声が轟《とどろ》いた。プラハの夜以上の恐怖感が全身を貫く。いざこざに巻き込まれるのはごめんだ。本を少しでもたくさん買いたいばかりに選んだ安宿だったが、ホテルを変える決心をするのに何の躊躇もなかった。

荷物を持って何事もなかったようにロビーを通り過ぎ、玄関を出た。後ろから追いかけてきたらどうしようか。つい一〇時間ほどまえに行った三つのシミュレーションがまた展開されるとは。

大至急、明るい通りに出て、鬼気迫る形相で大きく手を挙げ、タクシーに乗り込んだ。携帯していたガイド本が推薦するホテルをあたってみることにし、サンミッシェルという地名を口にした。後ろには、誰もいなかったが、タクシーのスピードがすこぶるのろく感じられた。

オペラ座の脇を通り抜け、セーヌ川を渡り、サンジェルマン・デ・プレを横目にタクシーが到着したサンミッシェルのホテルは高級だった。フロントで提示された宿泊費は、私にとって、あごが外れるくらいのセレブクラス。ガイド本の案内より高い。

しかし、なんといっても対応してくれたスタッフが親切だし、あたりには古本屋が点在しているという。私はパリ初心者なのだから、高くても、はじめからここにしておけばよかったのだ。宿泊の手続きを済ませると、がっしりした体格のスタッフに荷物を持ってもらい部屋に入った。

やっとのことでパリでの拠点を設けることのできた私は、安心してすぐ買いつけに頭を切り換えた。やはりパリでも古本屋は現金がものいう商売だろうから、内ポケットにそれなりの額のユーロ紙幣をしのばせた。パリのスリの巧妙さはテレビの隠し撮りを見て知っていたので、内ポケットの口に厳重にガムテープを貼った。スリの指先をかわすオリジナルの戦法だ。

まず向かったのは、いちばん目当てにしていた「didierlecointredominiquedrouet」。地図を見ながら歩くとホテルから数分のところにあった。

いざ店内へ。まず入って右手の壁に展示してあるポスターが目に入った。くしゃくしゃの紙に「Mai 68」と印刷されてある。おそらく一九六八年の学生運動のときに配られたビラだろう。ここでは政治的な意味はまったく関係なく、無名の学生によるデザインのおもしろさを買えということらしい。五〇〇ユーロほどだったと思う。名著で名高いエルスケンの写真集『JAZZ』があるのを横目に見ながら奥へ進んで行くと、左側の棚にル・コルビジェ関係の本がビッシリ並んであった。

しばらく眺めていたら、帳場からスタッフが出てきて「自由に見ていいよ」と声をかけてくれた。とはいっても、フランス語ができないから、表情などから大体そんな意味だろうと思っただけなのだが……。

思い切ってル・コルビジェの写真集『AIRCRAFT』のオリジナル版を手に取った。一九三五年の出版にしてはものすごく状態がいい。おそるおそる値段を確認してみると、目玉が飛び出るくらいに高い。しかし、この本は持っておきたいと素直に思えた。きっとあたらしい店の目玉商品にもなるだろう。スタッフの視線を感じながら、しばらく悩んだ。そして悩んだ末に、もとあった場所に戻した。ホテル代が余計にかさんだため、パリでの購入資金が大幅に縮小していたのだ。はじめから宿代をケチるべきではなかった。

ちなみに私は、クレジットカードを所有していない。ついでにいうと、携帯電話とスイカの類も持っていない。よくそれでは不便ではないかと指摘されるが、自分は気にしていない。日本でのことだが、路線バスに乗車する際、五〇〇〇円紙幣しかなく、右往左往していたら、見知らぬ乗客の方が「今度会ったときでいいです」といって二一〇円を融通してくださったこともあった。

このときスタッフは、きっと私が本を買うものと思っただろう。こういう場合は日本であれ、パリであれ、店舗から出るのに勇気がいる。

割引は国際的に通用するルール

翌日はクリニャンクールの骨董市に行った。クリニャンクールといえば古道具で有名だが、ときどき古本も混じって出ると聞いた。

軒先を眺めながら歩いていると『Des Canons, des munitions? Merci! Des logis...s.v.p.』という、これまたル・コルビジェの本に目がとまった。同じものが昨日の店では三〇〇ユーロの高値で売られていたからだ。掘り出し物とは、パリであれ東京であれ軒先にこそ転がっているというものだろう。これぞ買いつけの醍醐味。小躍りしながら値段を見ると、やはり二五〇ユーロ。私は一人ほくそ笑んだ。さらに値引き交渉を開始しようとしたら、そこのスタッフは流暢《りゅうちょう》な日本語を話してくれた。

ニコラという青年で、哲学を勉強していたが、いまはクリニャンクールではたらき、仕事の合間に絵を描いているという。日本語は独学で習得したそうだ。良心的な若者で、その本の内部に致命的な油染みがあることを教えてくれた。このご縁から、ニコラとはその後も連絡を取り合い、二年後に店内に併設したギャラリーで彼の作品展を開催した。いまは日本の女性と結婚し、大阪・堺《さかい》に住んでいる。

パリの流行に敏感な人々が集うという、「コレット」(二〇一七年閉店)にも行った。もともとが地方出身者だけに、こういった施設に入場するのはビビってしまうほうだが、正面玄関をまたぐなり目撃した写真集が一気にこころを和ませてくれた。なんと、一番目立つテーブルの上には平野太呂《ひらのたろ》写真集『POOL』が山積みになっている。自分もはじめてこの写真集を見たとき衝撃を受けたので、ここにあることが嬉しかった。これでこっちのもの、という気分になった。

パリでも、たくさんの本屋を訪ね、たくさんの写真集に出会ったが、やはりはじめに見たル・コルビジェの『AIRCRAFT』が気になってしかたない。しかし残りの軍資金をあわせてみると、わずかに足りない。退職する日、一誠堂書店の社長が「同業者の割引は国際的に通用するルールだから」と教えてくれた言葉を反芻しながら、私はまた「didierlecointredominiquedrouet」に行った。「自由に見ていいよ」といってくれただろうスタッフがいたので、これから開業する事情を説明してみることに。するとその方は電卓をたたいて、大幅に割引いたプライスを提示してくれた。そして、フランス語で何事かを話し、こちらに通じていないとみるや、「マスターピース」と自信ありげにいったのである。これですべての仕入れが終了した。

ホテルにため込んだ本を梱包した私は、オペラ座付近にあるという欧州ヤマト運輸のパリ支店に向かった。開業になくてはならない荷物だから、郵便より割高でも事故が少ないというヤマト運輸を利用することにした。

また四〇キロくらいはありそうだ。地下鉄で運びたいところだが、何度か利用しているうちにエスカレーターがないことがわかったので、タクシーを拾うことにした。ところが大通りに出て、いくら手を振ってもタクシーは止まってくれない。そうこうしていると、近くでもう一人、私と同じように荷物をひいた旅行者が止めようとしていることに気づいた。「パリのタクシーはどうなっているんだ」というような言葉を振られたが、こっちが知りたいくらいだった。多分、地区によって大人の取り決めがあるのだろう。場所を変えればどうにかなるに違いないとセーヌ川沿いにルーブル美術館のほうに歩いたがだめだった。パリでのタクシーは、基本、タクシースタンドで拾うということを私は知らなかった。

ここまできたら、ヤマト運輸の支店もそう遠くはなかろう、タクシーをあきらめて歩いて運ぶことにした。左前方に現れたエッフェル塔を見ると、パリの街に魅了された数々の日本人の気持ちがわかるような気がした。

翌朝、空港に到着した私は、ゲートの番号と場所をきちんと確認して、搭乗の列のなかにいた。あとは帰るのみ。すると見覚えのある人が「ル・モンド」を読みながら、真後ろに並んでいるではないか。一誠堂書店でよく本を買ってくださっていた国文学の碩学《せきがく》の先生だった。真後ろにいるのだから、これも何かのご縁。ご挨拶をすると先生も「ああっ」。顔を覚えてくださっていた。

機内ではカップラーメンを食べながら、ヘディンという昔の碩学が敦煌《とんこう》からフランスに持ち帰った文書の話や折口信夫《おりくちしのぶ》の話を聞かせてもらった。講義を受けながらの帰国となった。

成田空港に到着したときは、文字どおり足が棒になっていた。空港から荷物を宅配便で送ると、軽くなったカートを引きながら、こんなきつい仕事はもう味わうことはないだろうと考えた。しかし、その考えは甘かった。そのすぐあとに、辛酸をなめる日々が口をあけて待っていようとは、このとき予想だにしなかった。

内装のコンセプト

日本に帰ってきてからは、一目散に内装にとりかかった。低予算の都合上、これまでに見学した古本屋と古道具屋、ギャラリーを参考に、一人で取りかかるしかない。

目白の「古道具坂田」では、一切造作《ぞうさく》のない空間に驚いた。ものとものの取り合わせだけで、空間がひきしまって感じられた。時代も材質も違う別の道具を、店主の加減で、ぽんと置いた瞬間に、じつに調和してしまうのだ。恵比寿の「アンティークス タミゼ」と「リムアート」を訪れたときも驚いた。古道具もさることながら本の展示のしかたも卓越していた。日本橋の「壺中居《こちゅうきょ》」や「瀬津雅陶堂」、京橋の「繭山龍泉堂」では、良質の品だけを数点展示する緊張感を楽しんだ。

昭和二年築のビルの雰囲気をそのままにしたかった私は、「古道具坂田」にならって、什器をただ配置することだけを第一の方針に掲げた。照明用のランプと椅子は所有しているものがあったから、それを用いた。ランプは求めた際にフランスの工場で使われていたものと聞いていたが、店内につってみると、シェードの内部に「Made in Japan. Osaka」と刻印してあることがわかった。つまり、日本からフランスに行って、また日本に戻ってきたということになる。テーブルのフレームは、知人の古道具屋の方に頼んで、千葉のメタルワークスでつくってもらった。ガラスケースと引き出しは新たに買い足した。

東京の物販店は、ものすごい勢いで改装をくり返す。古いものを壊して、新しいものをつくることに、躊躇しない。私のように小資本で商売を行っている人間にとっては、その流れについてゆくことは、とうていできない。そのため何年経っても通用するような配置を自分なりに考えた。つまり照明や窓、テーブルなど、部屋のインテリアは、すべて二つで一つになるように置いた。善悪・醜美・男女・陰陽といった二元の世界観を空間に反映させる構造として。普遍的な要素を大切にして空間を構成すれば、きっと何年経っても、通用するのではないかと思った。また同時に、茶室における壁面の左右非対称と、西洋の建築物の空間構成によく見られるシンメトリーを書店内に同居させた。これによって、東洋でもなければ西洋でもない空間を演出できるのではないかと考えた。ビル自体が昭和二年築なので、時間を遡行しながら、空間を移動する身体体験を味わえると目論《もくろ》んだのだ。

荒野の古本屋

内装の準備を進めている最中に、ある方から、東方社『FRONT』を買わないか、という商談を持ちかけられた。あの『FRONT』である。海軍号・陸軍号・落下傘部隊号・空軍（航空戦力）号のロシア語版で、どの号も、紙がピンピンしている。こんなに状態のいい『FRONT』はなかなかお目にかかれない。のどから手が出るほどほしい。

提示された価格は相場どおりとはいえ、プラハとパリで仕入れを行ったばかりの私には、厳しい数字。しかし決してこれは逃したくない。その方に通常の決済ではあり得ない、かなり細かくした分割案を提示してみた。答えはあっさりと「いいですよ」。ちょうど、コレクションの方向性を変えるタイミングだったようだ。

開業時に『FRONT』が手元にあることは心強かった。この四冊で、神保町の老舗にでも対抗できる錯覚を覚え、ありもしない自信までついた。プラハとパリで買いつけた本も無事に届きはじめ、だんだん店舗のかたちになってきた。

ところがその矢先、重大問題が発覚した。使った資金を精算してみたら、あろうことか、つぎの月末で銀行の残高が七万円になってしまうことが判明した。無駄使いは決してしていないはずなのに……。これではこの先の運転資金が覚束ない。『FRONT』の分割払いもある。それにまだ内装は中途半端。どうしようかと悩んだがどうにもならない。

二〇〇六年六月一日。こういう状況下でどうにかこうにかオープンの日を迎えた私は、一転して不安で不安で仕方なかった。期待は微塵《みじん》もなくなっていた。それでもオープンの日は、たくさんの友人、お客さんが駆けつけてくれて、それなりに本が売れた。

その次の日も、パリで仕入れた写真集をたくさん買ってくださったお客さんがいて、運転資金はほとんどないに等しかったが、これならなんとかやっていけそうな気にもなった。口を開けて笑う余裕も出はじめ、早い段階で、これまで集めた対外宣伝誌の古書目録を制作して、売上げを立てようと構想した。

しかし、これはほんのつかの間の幸せだった。三日目、お客さんは誰も来ない。四日目も来ない。そしてこの暗転が、その後ずっと長くつづくことになろうとは……。

店をはじめて一ヶ月もすると私の表情には完全に敗北感が漂っていた。口を開けて笑っている余裕などない。やはり早急に事を進めすぎた。計画性がなかった。お客さんが来ないから当然本も売れない。そんな経営でも月々の家賃は待ってくれない。うろたえる月末がつづく。自転車操業という言葉の意味はわかったが、いつ売れるかわからないので、新しい本を仕入れる気力は萎えてきた。連続して大型の台風が三つ直撃したときには、運にも見放されたと確信し、悶絶《もんぜつ》した。対外宣伝誌の古書目録など出せるはずもない。

追い込まれた私は、『FRONT』だけでも、神田の古書市場に売り出すことを覚悟した。せっかく開業時にご縁があったが、背に腹は代えられない。ところが、出品する相談を某古書店主にすると、「これは手放してはいけない、いまはきついかもしれないが、大切に持っていたほうがいい、こんな状態のよい『FRONT』は、つぎいつ出てくるかわからない」とアドバイスを受けた。

けっきょく、ほかの写真集をコレクターの方に無理にお伺いをたてて買ってもらったり、神田の市場で、買値より安い価格で売ったりして、なんとか糊口《ここう》をしのいだ。しかし、こんなことをしていても先がないことはたしかだった。

そして私は開業日を七月一日に変更した。この一ヶ月間の営業成績が、あまりに惨憺《さんたん》たるものだったので、なかったことにしたのだ。

中央区をはじめ、東京の東側地域は大小のビルがいたるところに建ち並んでいる。そこを地下鉄が縦横に走っていて、たくさんの働く人を集めている。茅場町は「花王」や「ぺんてる」など大企業の本社が揃っているうえに、東京証券取引所の最寄り駅である。だから、日本の金融の中心地といえなくもないが、私のような古本屋にとってはまったく関係ないことがはっきりした。もともと期待していたのは、路地裏に潜んでいるお店を探して訪れるようなお客さんだったとはいえ、さすがにこうもお客さんが少ないと自転車をこぐ気力が萎えてきた。店舗に向かう足取りも重くなった。往来ですれ違う人たちの一人ひとりが幸せそうに見え、自ずと私のこころは荒《すさ》んでいった。

あるとき、その心境を表したように、街の姿がいつもと違って見えた。アスファルトは乾いた土の大地。ビルは赤茶けた岩山。電柱は灌木《かんぼく》。すなわち、見渡すかぎりの荒れ地。風はそのあいだを土煙を巻いて、侘《わ》びしく吹き抜けた。住所はさしずめ東京都中央区無番地といったところだろう。私はそこに古本屋を開いてしまった。これでは、昔の映画のタイトルではないが、まるで「荒野の古本屋」である。そう考えると地下鉄は蒸気機関車にとって代わって見えた。すっかり目の輝きを失った私は、開拓団の一員として大地を切り開くというより、酒場で安酒をかっくらっている流れ者に等しかった。スターバックスコーヒー茅場町店が、その場末の酒場に感じられた。カネは底をついていた。しかしまだ、家賃という掛け金を積み上げなければならない。箍《たが》が外れていると指さされても否定できない状況に追い込まれていた。

当時は、「セントラルイースト東京」という言葉がささやかれていた。神田《かんだ》・馬喰町《ばくろちょう》・浅草橋・日本橋を結ぶエリアにデザイン事務所、建築事務所、ギャラリー、カフェなどが集まりつつあった。集った人たちは、おそらく、東京の東側に建つビルの佇まいに注目していた。高度経済成長期に一回ブレイクした先進国の市街地という独特の雰囲気があった。それに家賃も都心のなかでは比較的安く、自分たちの趣向にあわせた改装を行いやすい。

某有名情報誌が「セントラルイースト東京」特集を組んだことがあった。そこには私も知っている店舗やギャラリーがいくつも紹介されていた。しかし、残念ながら、茅場町は除外された。茅場町も一応そのなかに含まれていると私は思っていたのに、同じ仲間だと私は思っていたのに……。コンビニで誌面を眺めながら、持つ手がブルブルと震えていた。荒野はますます土煙をあげていくのがわかった。第三者から見ても森岡書店は伸び悩んでいた。

一本の電話からつらなった偶然

開業当初のころの、本を仕入れる気持ちすら萎えてしまったという、破れかぶれの状況を慰めてくれたのは、ウィーンからの一本の電話だった。手元に残った『FRONT』をほしいと、その人は冷静かつ単純な英語でいった。『FRONT』をホームページに掲載していたかいがあった。

もちろん見ず知らずの人だから、まずは先払いをお願いすることに。すると決して安い買い物ではないはずなのに、早急に口座に振り込んでくださった。銀行からユーロ建ての入金があると電話が入ったときには、受話器の向こうの、ふだんはあまり聞いたことのないような丁寧な日本語を話す女性の声に、まるでバリバリのビジネスマンになった気分を味わった。

本業で最も力を入れて集めてきた『FRONT』に買い手がついてくれたのだ。破損しないよう厳重に梱包をしてウィーンに送り出した。

それからしばらくすると、今度は恩地孝四郎が装幀した本を集めてほしいという依頼がまた同じ人から入った。聞けば、ご自身も美術家で恩地孝四郎の仕事を非常に尊敬しているという。

恩地孝四郎の本といえば、以前勤めていた一誠堂書店の先輩、本郷にあるアルカディア書房の矢下さんが持っているはずだ。ひと口に恩地孝四郎の装幀本といってもたくさんあるだろうし、自分だけでは知らないことが多すぎるから、矢下さんの力を借りて集めることにした。

アルカディア書房は、もしかしたら古書業界以外では名が通っていないかもしれないが、業界では知らない人がいない予約制の書店で、一九二〇年代、三〇年代の美術本の品揃えがすばらしい。

午前中なのにもう三〇度をゆうに超えていた晩夏のある日、私は恩地孝四郎関係の本を引き取るため、アルカディア書房のある丸ノ内線の本郷三丁目駅に降り立った。すると、同じホームの前方に見覚えのある人が歩いていた。東大教授（現名誉教授）のロバート・キャンベルさんだった。

キャンベルさんとは、一誠堂書店で働いていたときにお会いし、その後も私の自宅とキャンベルさんのご自宅が近所だったため、数回遭遇することがあった。私が独立したことも伝えていた。

挨拶を交わして近況をお伺いしながら歩いていると、

「テレビの語学番組で日本文学を英語で紹介することになったのだが、ロケ場所を探している。図書館だとありきたりなので、中央線のアングラな雰囲気がいい。ふさわしくて、スタジオとして使えそうな古本屋さんをピックアップしてほしい」

とおっしゃった。

何軒か思い当たる書店があったのであとで連絡をすることにし、本郷三丁目の交叉点でキャンベルさんは三四郎池のある敷地にむかい、私は反対方向のアルカディア書房に歩いた。

アルカディア書房の蔵書はいつものように眩《まぶ》しいくらい充実していた。『構成派研究』など恩地孝四郎の代表的な本を包んでもらい、それを『学問のすすめ』の著者が印刷されている紙幣数枚と交換し、茅場町の店舗に持ち帰った。

日本人の私が見ても、時代と国籍がわからなくなるような装幀の趣なのだから、ウィーンの人ならより混乱してしまうのではないか。ダンボール箱をあけて、その人が驚く様子を想像しながら、また厳重に梱包して発送した。

キャンベルさんには、候補になりそうな古本屋を中央線沿線に限らず二〇軒ほどメールでお知らせした。ところが、というか、驚くべきことに、キャンベルさんから返ってきた答えはこうだった。

「たくさんの書店をロケ地にすると、そのつどロケハンが必要になり大変だから、森岡書店で撮影を行いたい。ついては、今度番組の担当者と一緒に行きます」

こうして、それから半年間つづくテレビ番組の収録がはじまった。いまにして思えば、ウィーンからの電話からつらなった偶然の出会いがきっかけになった。

店内を長時間にわたりスタジオとして使えるのは、休業日の日曜だけだから、まとめて数回分の撮影をしなくてはいけない。実際に収録を行ってみると、一日に一〇時間以上かかることがほとんど。それに夏場の収録では、雑音が入ってしまうためエアコンの使用が制限され、蒸し暑くなる。

しかし、そんな状況でも、キャンベルさんは一度として集中力を切らすことがなかった。文学作品のおもしろさとその作者の紹介を日本語と英語で熱心に語るだけでなく、長時間働いているスタッフたちには、いつもやさしく声をかけて労をねぎらっていた。

番組は平日の早朝と深夜、それぞれ五分ずつ放送された。放送開始の日、定刻どおりにはじまるテレビ番組を待つのはいつ以来だろう。手を握りしめながら画面のまえに腰をおろした。最初の収録時に取りあげられた作品は夏目漱石『三四郎』と福沢諭吉『学問のすすめ』だった。

ギャラリーがスタート

ある晴れた秋の午後、当時、神楽坂にお住まいだった平野公子さんが店舗を見にきてくださった。

平野さんとは、まだ一誠堂書店に勤めていたころ、ちょっとした勘違いから知り合いになった。饅頭《まんじゆう》を名物とする神楽坂のカフェ「ムギマル2」でお茶を飲んでいたとき、ご主人の岩崎早苗さんから「ちょっと」と呼ばれた。振り返ってみると、ご婦人が立っておられた。私は自分の名前を述べ「神保町の古本屋で働いています」などと、なぜいきなり紹介されたのだろうと思いつつも、ご挨拶をした。その人が平野公子さんだった。

平野公子さんが饅頭を買って帰ったあと、ご主人は、「さっきのは紹介したんじゃなくて、ちょっと、じゃまだからどいてよ、と言おうとしたのよ」と話してくれた。そんな勘違いから知り合いになれたのである。

平野公子さんと古本屋の実状や好きな写真集について意見を交わしているとき、

「息子も写真を撮っていてプールの写真集なんか出したのよ」という言葉に釘付《くぎづ》けになった。

平野でプール……？

「もしかして息子さんは、平野太呂さんですか」と訊くと、そうだという返事。

次の瞬間、私の口は自動的に動いた。

「じゃ、ここで写真展をするように伝えてください」

『FRONT』を販売できたとはいえ、日々の売上げが伸びているというわけではなかった。

これまでに何人かの方から、存続のためにはギャラリーの併設が切り札になるという意見をもらっていたが、実際にどうしたらよいのかわからないでいた。平野太呂の『POOL』なら、ぜひ写真展をやってみたい。

このご縁からギャラリー業がスタートした。平野太呂さんと会ってみると、お母さんと会うときよりも緊張した。年齢は同じくらいだが、なんといっても私にとっては、『POOL』の平野太呂なのである。

翌二〇〇七年の一月二〇日から二月二四日まで、こうして本当に写真展を開催してみると、信じられないことに、荒野のような茅場町にも毎日たくさんのお客さんが来てくれた。平野太呂さんの仕事関係や昔からの友人の人たち。心底嬉しかった。

そのなかの一人の編集者が、撮影の場所として店舗をレンタルできないかとおっしゃってくれた。ファッション誌のモデルさんの撮影に使用するのだという。こちらは、もちろん大歓迎。すこしでもたくさんの方に知ってもらいたいし、撮影場所代まで出していただけるとのこと。月末の支払いを考えれば、天佑《てんゆう》であった。

平野太呂写真展がきっかけとなって、現在の書店、ギャラリー、スタジオという仕事のあり方が定まっていった。

コンサバティブ書店からオルタナティブ書店へ

二〇〇七年の師走のある日、同業の先輩が店を訪ねてきた。「調子はどうだ」、「今年も売れなかったな」、「昔はよかった」という会話を交わしたあと、「何かおもしろい話はないか」といった。おもしろい話とは儲け話のことである。「その日の飯を食うのに精一杯です」と私が答えると、先輩は「これからはユニクロかルイ・ヴィトンかのどちらかで、その中間はない」と大真面目な表情で言い残し、本を買わずに去っていった。

社会の二極化がさかんにいわれはじめたころだったが、三〇年間古本で生活を支えてきた人のいうことだ。神保町の盛衰もさんざん見てきただろうし、メディアで見聞きするより本質的に思えた。古本屋の場合、ユニクロといえば大型のチェーン店を展開し、テレビでCMを出している会社を指すだろう。ルイ・ヴィトンといえば高額の古典籍を取り扱う神田の老舗を示すことになるだろう。

翻って、自分はといえば、量販本を抱えているわけでなく、かといって稀覯本を扱っているわけでもない、まさにその中間にいた。店内にギャラリーを併設したとはいえ、暗中模索の現状。「その中間はない」と断言されては、どちらかに身をおくほかないのだろうか。あれこれ考えながら年末の休暇を過ごした。

　年が明けて茅場町の店に戻ると、ポストのなかに年賀状とともに冊子小包が届いていた。送り名は詩人の友人。すぐに封を開くと、マイケル・ケンナの写真集『HOKKAIDO』が入っていた。同封されていた手紙には次のようにある。

「外国の写真家がとらえた日本の自然の美しさは、いつも私が見過ごしてしまうポイントであることが多く、たくさん刺激を受けます、それをおすそわけします」

　マイケル・ケンナの写真集は何冊か見たことがあるが、この版の『HOKKAIDO』ははじめてだった。タイトルどおり北海道の自然が被写体になっている。ページをめくると、雪原にたたずむビニールハウスの写真に目が止まった。それは何度見返してもビニールハウスで間違えようがない。しかし、そこに写っているビニールハウスは自分が知っているビニールハウスとは様子が違う。ただただ繊細で儚《はかな》く、そして美しい。もし自分が同じ風景を前にしても、気に留めることすらできないだろう。年のはじめに、ビニールハウスを美しく見る感受性というお年玉をもらう。

　数日後、店内に併設するギャラリーで高田《たかた》竹弥《たけや》個展がはじまった。高田さんは伊賀の山中にアトリエを構えて、古材を用い、白を基調にした作品をつくりつづけている。東京では初の個展。大阪にあるブックス・ギャラリー・コーヒー「.iTohen《イトヘン》」の鯵坂兼充《あじさかかねみつ》さんから紹介してもらった。

古本屋としては、一応、八年間神保町で働いていたので、少しは勘があると思っていたが、ギャラリー業は昨年はじめたばかりでまったくの素人。高田さんと一緒に目測でバランスをはかり、ぱっと作品を壁面にかけ、「いいね、いいね」と二人で勝手に納得し、あっという間に準備を終える。

このゆるさ加減が功を奏したのか、お客さんから好評をいただいた。「モノには美しく見える場所がある」「この空間に合っています」などなど。お世辞かもしれないが、やっているほうとしては、ウソでも嬉しかった。その日はお客さんが途切れることなく来てくださり、高田さんもわざわざ遠方から出向いたかいがあったのでは、と胸をなでおろした。

私はたしかに「ユニクロ」でもなく「ルイ・ヴィトン」でもない「その中間」にいた。しかし、考えてみると、二つのうち一方に店の形態を定めようとしても、自分には本を大量に販売するスペースも、古典籍を扱う資力も、そのどちらもないというのが実情。他方、古本屋兼ギャラリーという仕事を一年つづけてみると、これが自分の性にあっていることがだんだんわかってきた。展示を行えば、展示を見にきてくれたお客さんが本に関心を持ってもくれる。相乗効果が生まれた。ならば無理しておもかじをきるより『HOKKAIDO』のような感度の高い本を販売し、ギャラリーで空間にあった展覧会を催すことが、「その中間」にあってもつづけてゆける現実的な道なのではなかろうか。そんな予感がしていた。そして、この予感を共有している人たちもいた。

まったくの偶然であるが、私と同じ時期に独立開業した二人の古本屋がいた。一人は渋谷「東塔堂」の大和田悠樹さんで、一人は吉祥寺「百年」の樽本樹廣《たるもとみきひろ》さん。時期だけでなく、扱う本も同じで、店内で写真展を開催していくことになった点でも似ていた。大和田さんとは、古書組合に加入する日まで一緒だった。

扱うものが同じだと、セブン-イレブンやローソン、ファミリーマートのように、熾烈《しれつ》にシェアを奪い合う商売敵になってしまいそうだが、古本では必ずしもそうならない。同じ本を扱うということは、それぞれの興味が同じ分野でもあるので、自ずと話が合ったりする。それに、自分のところにない本に注文が入った場合、相談することもできる。大和田さんは神田の源喜堂書店から、樽本さんは渋谷の啓文堂書店から独立した。

いまにして思えば、二〇〇六年ごろに独立した私たちは、このような、本を売るだけでない本屋の第二世代だった。第一世代は、「フライング・ブックス」の山路和広さんや「ユトレヒト」の江口宏志さん、「カウブックス」の松浦弥太郎さん、「リムアート」の中島佑介さんを挙げることができるだろう。書店の経営が厳しさを増すなか、既存の書店とは違う方向性を探る先駆者だった。私はこのような書店を、代替案という意味で、オルタナティブ書店と呼んでいた。当時は、オルタナティブという言葉が流行っていた。そう考えると、一誠堂書店のような職人気質が残る老舗は、コンサバティブ書店と呼ぶことができるだろう。私はコンサバティブ書店からオルタナティブ書店へ移行することに決めた。

ギャラリーを併設したことで、一日の仕事の流れが大きく変わった。店舗の営業時間は一三時から二〇時までだが、もともと午後からの営業開始にしたのは、本の仕入れを午前中に行いたかったためだ。

しかし、ギャラリーを併設すると、午前中は、展示や企画の打ち合わせをする時間が多くなった。照明器具や展示備品が切れたときの買い出しも、その都度、午前中に行う。また、撮影場所としての依頼があった場合は、その立ち会いをすることにもなった。撮影には、編集者、カメラマン、デザイナー、ライター、スタイリスト、ヘアメイク、モデル、ロケのコーディネーターの方々が訪れる。撮影の合間に交わす雑談は、誌面づくりがどのように進行するのか、現場の声をなまで聞ける機会になった。本屋としての業務以外に、このような仕事が加わり、一日の仕事が流動的になっていった。

午後から夜にかけては、基本的に店番をすることに変わりはないが、展覧会も行うことにより、毎日お客さんが訪れるようになった。そこから会話が生まれるようにもなった。開業当初、誰もお客さんが来ないときは、窓の下を流れる亀島川を眺めて、カモメにピーナッツをまいて気を紛らわしていたから情況は大きく変化した。お客さんには、絵画や彫刻、陶芸の作家活動をしている人、カメラマンやデザイナーが多かった。お客さんが自らの展示の場所として店内に興味を示してくれることになった。店内のギャラリーは、お客さんの次のステージへの踏み台として機能していった。

また、ほかの書店では嫌がられるだろうが、私は小店内で本のタイトルをメモしたり、携帯のカメラで撮影することを積極的に宣伝したい。店内で扱っている本が、ネット上ではかなり安く発見できることを推奨している。「AbeBooks」や「アマゾン」で検索すると同じ本が四割から五割引で、すぐにみつけられる時代になった。写真集を買うお客さんのなかには、たとえ一〇万円の写真集でも、まったく高いと思わず、その場で決済する方もいるが、多くのお客さんは、より安く買いたいはず。ここからお客さんとのコミュニケーションが生まれやすい。数千円の利益より、何かが広がっていくようなお客さんとの出会いを大切にしたい。

万引き事件

二〇〇八年八月初旬のある日の午後、一時の開店とほぼ同時に一人のお客さんが入ってきた。真夏の太陽がこれでもかとアスファルトに照りつけ、熱中症で何人かの部活中の高校生が倒れたというニュースが流れているのにもかかわらず、その人は深々とニット帽をかぶっていた。性別は男性。年齢は五〇代半ばくらいだろうか。決してニット帽と洋服のとりあわせを楽しんでいるといった装いではない。

写真集を数冊見たり、展示中の写真を見たり、しかしこちらには顔を向けることもなく、店内をひととおり眺めて出ていった。これまで一度も見かけたことのないお客さんだったので、メールの返信作業に集中していて、とくに注意を払わないでいた。

物色していた写真集のあたりを整理しようと思って、席を立ち、テーブルの上に目をやって気づいた。あるはずの写真集が、あるべきケースに入っていない。周囲をよくよく探してみてもない。ない。ない。ない。どこにもない。盗《と》られた。

たった一人しかお客さんが入っていないのだから、あのニット帽の人を疑うほかない。私は店の鍵をかけ、全速力で階段を下りてニット帽の人を追った。同時に、私は絶望の淵《ふち》に追いやられていた。

盗られた写真集は細江英公『おとこと女』。一〇〇〇円や二〇〇〇円の写真集ではない。高額な価値のついた写真集。そして、それは細江英公さんの写真展を開催させていただいた際、細江英公さんから直《じか》にお預かりしているものだった。万引きなど絶対にあってはならない。ニット帽の人は、まだ遠くに行ってはいないはずだ。

まずは茅場町駅に走った。階段をくだり改札まで行っても姿はない。改札を通ってホームへ行く。日比谷線のホームにするか、東西線のホームにするか迷ったが、東西線のホームに降りた。しかしタッチの差で中野行きの電車が発車してしまう。西船橋方面も出たばかりのようで人が並んでいない。二段とびで改札まで階段をあがり、今度は日比谷線のホームへ走る。ホームを通り抜け、八丁堀方面の出口から地上に出ようとしたとき、向こう側のホームにニット帽が見えた。ギリギリで見つけた。向こう側のホームは電車が来るサインが出ていた。

横断の階段を一目散に駆け下り、駆け上がった。電車が構内に近づいてくる音がするなか、壁に寄りかかっていたニット帽の人に歩みより、声をかけた。

「さっき写真集を見てましたよね」

「ああさっきの……」

電車が構内に入ってきたので、私はその人のカバンの取っ手を摑《つか》んだ。

「あなたのことは、どうもしません。写真集さえ戻してくれたら、それで結構です」

「わしは何にも知らない」とその人はいった。

「知らないはずない。『おとこと女』、盗ったでしょ」と私は真剣にいった。

「知らない」と譲らない。

周囲の人の視線がこちらに集まっている。カバンの取っ手は摑んだまま。

「知らないはずない」とくり返した。

このやり取りをしている間に、電車のドアが開いて閉まった。

私はカバンを放した。

すると、その人は急に歩き出し、改札で駅員の前に切符を置いて、地上に出ようとした。私はすぐあとを追いかけた。階段を上りきったところで横に並んで一緒に日本橋方面に永代通りを歩いた。一緒に並んでみると、背が小さく、かなり華奢《きやしや》な体形であることがわかった。

「『おとこと女』を返してください」

「知らない、知らない」

「警察にいったりしないから、その本さえあればいいんです。本当に」といって、私は再びカバンの取っ手を摑んだ。

その場所はビルの解体現場の目の前だった。工事中の重機の音が鳴っていたが、まったく気にならなかった。暑さも忘れていた。

「東京のもののいうことは信用できない」とその人はいった。「あなたには、カバンを開く権利などない」ともつけ足した。

たしかに、何かの本か雑誌で、他人のカバンを開くには、裁判所の許可がないといけないと読んだ記憶があった。

「私はもともとは東京の人間ではなく山形で生まれたものです。それじゃあ、もういいから、とりあえず警察に行きましょう」

「いやだ」

「盗ってないなら、いやだということはない」

「……」

こんな押し問答を、かれこれ一時間はつづけていただろうか。

私は『おとこと女』を返してもらえば、本当にこれでおしまいにしたかった。警察に行く時間を費やしたくなかった。

そうこうしていると、後方から声をかけられた。

「あれっ、どうしました?」

同じビルに事務所をかまえる、司法書士の高沢さんであった。ことの経緯を話すと、高沢さんは、すぐに電話を取り出し、警察に連絡をしてくれた。

高沢さんと私は、ニット帽の人が逃走しないように挟み込んでいた。ほどなくして警官が自転車で到着。

事情を説明すると、「まず交番に行きましょう」ということになった。茅場町に交番などあったのかと思ったが、歩いて一分もかからない、阪本小学校の隣に所在しているという。高沢さんとはここで別れた。

ところが、ニット帽の人は、ここから大暴れをはじめた。

「警察には行かない、わしには大事な用がある」と取り乱したかと思うと、電柱にしがみついた。警官は、このときすでに二人到着していて、そのうちの一人が、しがみついている指の一本一本を、力ずくで取りはずした。パトカーも到着。ニット帽の男は、両脇をかかえられて車両に乗せられた。いつのまにか歩行者が集まり、大捕物となっていた。私は徒歩で交番に向かった。交番に着くと、警官から「カバンの中に本、ありました」といわれた。男はようやく白状した。

交番から警察署に移り、盗られたときの状況などを事細かく説明した。ニット帽の人は、私とは別の部屋で取り調べを受けていた。

しばらくして、『おとこと女』が私の手元に戻ってきた。カバンの一番下に入っていたそうだ。私はこれさえ返ってくれば安心。細江英公さんの顔が浮かんできた。

警官の説明によると、ニット帽の人は、とある地方から病気の治療のために東京に来ていて、ニット帽はそのための処置だった。そして写真が趣味だったという。

それを聞いて、何だか急にニット帽の人がかわいそうな気になった。もしかしたら不治の病なのかもしれない。


それから半年後のある日、店内に入ってきたお客さんを見て、私はおもわずアッと思った。ニット帽をかぶったあの人だった。私は身構えた。

「私のこと覚えていますか」と、その人は私のほうに歩み寄り、静かにいった。

もちろん、忘れるわけがない。お礼参り、という言葉が脳裏をよぎった。

しかし、次にその人が口にしたのは意外な言葉だった。

「『おとこと女』、まだありますか。買いたいです」

「ARTS & SCIENCE」での展示即売会

スタイリストのソニア パークさんが運営するショップ、「ARTS《アーツ》 &《アンド》 SCIENCE《サイエンス》」で写真集をはじめとする書籍の販売をさせてもらったのもこのころだった。雑誌の企画で一度お話しさせていただいたことがあったが、もともと共通の知人がいて、私のほうから、またお会いしたいと申し出ていた。

ソニア パークさんは雑誌やCMなど、さまざまなメディアで洋服のスタイリングを行う一方、厳しい審美眼にかなったアイテムを紹介する本『ソニアのショッピングマニュアル』を著していた。私はそれの愛読者だった。

紹介されているのは、ヴィンテージのリーバイス501、マルタンマルジェラのタビブーツ、エルメスのプリュム、カルティエのミニパンテールなどなど。あまたあるほかの商品紹介と決定的に違うのは、ソニアさんが解説する語り口＝文体にあった。

それはたとえるなら、往年の名番組『兼高かおる世界の旅』で、ジャーナリストの兼高かおるさんが行う世界の都市の解説にそっくりだった。『兼高かおる世界の旅』とは、一九五九年から三一年にもわたって放送された旅番組で、私の住んでいた地区では、毎週日曜日の朝に放送されていた。東京ではもしかしたら別の曜日・時間帯に放送されていたかもしれない。

兼高さんが繰りひろげる世界の旅を、兼高さんとお相手の男性が、小気味よく解説する口調に、小学生の私は釘付けになっていた。海外旅行は高嶺《たかね》の花という感覚が、まだ残る時代だったから、自分もいつかこんな旅をしてみたいと指をくわえながら見ていた。ソニアパークさんの解説は、小学生のころの日曜日の朝を彷彿《ほうふつ》とさせた。

イタリアのサンタ・マリア・ノヴェッラ製のポプリも、ソニアさんの解説に導かれて求めたものだった。店内で使っているとたしかにお客さんから評判がよく、香りがだんだん本に染みこんでいくこともわかった。以前はアロマキャンドルを試してみたこともあったが、本と火という組み合わせは、ずぼらな私にとって、最悪の事態を起こすことにもなりかねない。ポプリは置くだけで香ってくれるので、その点でも相性がよかった。

デニムブランドの「ＫＡＰＩＴＡＬ《キャピタル》」を見知ったのもこの本によってだった。もともとはデニムの一大産地の岡山県倉敷市に誕生したメーカーだという。恵比寿にも店舗を構えていたので、早速行ってみると、やはりペインターパンツの細部の加工が素晴らしい。一本求めることに迷いがなかった。その後もカットソーやパンツ、靴下などを取り入れ、店からは定期的にカタログを送ってくれるようになっていた。そしてこのご縁は、後述するように、本屋としての大きな仕事に発展していくことになった。

「ARTS & SCIENCE」での展示販売会は、ソニアさんとお会いしたとき、阿吽《あうん》の呼吸で決まった、といっても過言ではない。談笑の延長線上で展示販売の機会をいただいた。お互いの予定を調整し、二ヶ月後に開催することになった。「ARTS & SCIENCE」の洋服と店内の雰囲気に調和するような本を集めたい。二ヶ月で、「ARTS & SCIENCE」用の善本を揃えなくてはならない。

一般的に、古本屋が本を仕入れる方法は、神保町の古書市場で調達する方法と、お客さんから直接譲ってもらう方法、それに同業者から購入する方法の三つがあるが、短期間で特定の本を揃えるとなると、国内の古本屋から仕入れるか、海外の業者からネットを使って取り寄せて集めるしかない。

国内での同業者仕入れの場合、私は神保町の「ボヘミアンズ・ギルド」と「源喜堂書店」によくお世話になっている。どちらのお店も圧倒的な美術書の品揃えで、価格の面でも良心的である。神保町の中心に立地するだけあり、いつ行ってもお客さんが入っていてうらやましい。

まず第一に行うことは、店主の方かお店番の方への挨拶だろう。

同業者仕入れとは、その店が苦労して仕入れ、長年の経験をもとに値付けした本を、こちらが取り分を乗せて転売すること。だから、「他人の褌《ふんどし》で相撲《すもう》をとる」といっても過言ではない。そのことをよく理解する必要があると思う。

古本用語の「背取り」という言葉があるが、それと同業者仕入れは意味合いが違う。「背取り」は、こちらの粗利がずっと高い。いわば、価値があるのに、その価値をわかっていない値付けがなされている本を買う行為が「背取り」にあたる。神保町の専門店で「背取り」を行うのは難しい。ときどき、背取った、と思っても、店主がショッピングを楽しんでもらおうと意図的に安価なものを混入している可能性がある。

海外の業者からネットを使って取り寄せて集める場合は、私は「AbeBooks」を利用している。洋古書の検索サイトだが、数千軒とも思える業者が参入していて、たいがいの洋書は、タイトルを入力すれば見つかる。タイトルがわからない場合でも、たとえば〈1937 JAPAN〉という単語を入力すると、その年に出版された日本関係の洋書がズラズラと画面に表れる。

私はこの方法で、いくつもの珍しい日本の対外宣伝誌を探し出した。凝っていたころは、暇さえあれば検索をかけていた。住所、氏名、電話番号、クレジットカードの会社名くらいの英語がわかれば十分買い物ができる。中学生程度の英語力でまかなえる点が「AbeBooks」のいいところだ。

展示販売会は、ちょうど根津美術館の前の「ARTS & SCIENCE青山店メンズショップ」で、二〇〇九年一一月二〇日から一二月六日まで行われた。こちらの思惑で集めた本が、「ARTS & SCIENCE」のお客さんの嗜好《しこう》に合うかどうか。結果は、そのあとも「この展示を見てお店を知った」というお客さんが、何人も茅場町に足を運んでくださったから、私としては上々であった。本もそれなりに売れた。

また、ソニアさんをはじめ「ARTS & SCIENCE」のスタッフの方々が、自分を同じ会社の社員のように接してくれたのが嬉しかった。

二〇一一年三月一一日と写真展

二〇一一年は独立してから五年目の年だった。書店、ギャラリー、スタジオの収益をそれぞれ合算して、なんとか毎月の支払いをこなしてきたし、さまざまなイベントにも参加させていただいた。これからも、この仕事量を継続していけば、なんとかなるのではないか、そんな見通しも立ちはじめていた。それに加え、このごろになると毎日、誰かしらお客さんが来店してくださるようになっていた。そのお客さんとの出会いが、次の展覧会や食事など、何事かにはずんでゆくことになり、書店を運営する悦《よろこ》びを感じていた。

写真家の平間至さんに紹介してもらって知遇を得た、天野裕氏《あまのゆうじ》さんもその一人だった。天野さんは、塩竈《しおがま》フォトフェスティバルで大賞を獲得した若手写真家で、ファイルを見せてもらうと、それには無駄とも思える抵抗だったり、妥協したくないのにそうしなければならない現実だったり、彼女を想《おも》う気持ちだったり、何というか、やり場のないエネルギーをさまざまな方向に向けて当たり散らしている天野さんの日常が記録されているように見えた。生々しい私写真。そして、天野さんの意志はとても強いのだけれども、同時に儚く、しかし、これを表現する以外にこの人は生きてはゆけないのではないか、そんな印象を持った。偉そうなことをいってしまうと、塩竈フォトフェスティバルで大賞を獲得するのも十分うなずける作品。聞けば、この写真をまとめた手製本の写真集が一冊だけ残っているという。私はそれを迷わずいただくことにした。

二〇一一年三月一一日のよく晴れた金曜の午後、小脇に写真集を抱えた天野さんが店舗に再び現れた。写真集の表紙には銀色のスプレーが吹きつけられていて、一冊として同じ文様がないという。予想以上の大判で、昔の電話帳みたいに分厚い。塩竈フォトフェスティバルの副賞として制作したと教えてもらった。

最後の一冊がまだ残っていたのは幸運だった。写真の内容にこころ動かされたのはたしかだが、古本屋の商魂として、近い将来の値上がりを期待せずにはいられない。丁重にお礼を述べて、いつかここで写真展を行いたい気持ちを伝えた。

そうやって天野さんが帰ってから一時間ほどのちのこと。突如として店内が揺れはじめた。揺れはいっこうに収まらない。ついに関東大震災の再来かと、あわてて外に出てみると周囲は近隣のビルから逃げ出した人であふれ、けたたましい消防車のサイレンが響いた。東京の震度は最大5強。

しかし、やがて知った東北地方沿岸部の被害に比べれば、こちらの損害など何事でもなかった。その晩は東京の交通機関が完全にマヒしたため店舗に泊まることになったが、つなぎっぱなしのネットではすさまじい惨状が次から次に報道されている。巨大な津波に押し流されていく自動車、家屋、街全体。闇夜の海岸沿いにあかるく燃えさかる無数の火災。どれだけの人が取り残されているのだろう。緊急地震速報がつぎつぎ鳴り響く。日本の各地でこれでもかと大きな余震がつづく。多くの人々がきっとそうであったように、私も壊滅的な被害に打ちひしがれ、巨大地震の再発に恐れおののくほかなかった。

一二日には、悪夢を見ているかのように、福島第一原子力発電所が爆発した。一四日にも再び爆発して今度は黒い煙も大きく立ち上った。これが本当に日本の現実なのだろうか。このような状況下で私のような古本屋という仕事が成り立つのだろうか。そもそも古本屋という仕事が必要とされるのだろうか。

知人の外国籍の方からは東京に放射能が迫っているから逃げろ、という緊急を伝える電話がくる。外国の大使館がどんどん東京から脱出してゆく。これまでとはまったく次元の違う不安に襲われ、プラハとパリでの仕入れの旅とその後の店舗経営のドタバタなどは、この災害をまえにしては何の苦労でもなく、むしろ、その仕事自体が、恵まれた時代に生まれた者の幸福な役割だったということがしみじみとわかった。

しばらくして天野さんからメールが届いた。

「写真展の件。いろいろ落ち着きましたら、ぜひやらせていただきたいです。いま大変な状況にある方々にできることを。塩竈という町がなければ、そして平間さんがお生まれになっていなければ、いまの写真家としての僕はいません。微力ではありますが、いま自分にできる写真でできるかぎりのことをやりたいと考えています」

アーティストとは強いものだと思った。打ちひしがれているわけにはいかない、何か行動を起こさなくてはいけない、天野さんのメールはそう伝えていた。

こうなったからには、またどこまで店舗をつづけられるのかわからないが、古本屋兼ギャラリーを営む私ができることは、二〇一一年三月一一日に受け取った写真集を見てもらい義援金を募ることぐらいだろう。五月の連休に写真展が実現できるよう、大急ぎで準備に取りかかった。そして、五月二日から七日まで、天野裕氏さんのチャリティー写真展「鋭漂」を行い、観覧料を災害救援募金に寄付した。

その後、天野さんは、一度だけでなく、木村伊兵衛写真賞の候補にノミネートされた。

震災後再出発

置いてある本が少ない私の店舗のようなところでさえ地震後の片づけは大変だったのに、数千冊数万冊の本を書棚に並べている神保町の書店はなおのことだったに違いない。それに大きな余震も幾度かあった。

ところが、アーティストが強いものだと実感したのと同様に、じつは、古本に携わる人々も強いということがわかった。神保町で行われている業者専門の市場を地震後もくじけず開催するという。古本などどこの先売れるのだろうかと不安視ばかりしていた私は、同業者の現実に向き合う気力に驚いた。さすがは一〇〇年以上もつづいている本の街の人々である。私は週に一回ほど市場に顔を出させていただいているが、地震からほどない時期だったにもかかわらず、会場にはいつものようにたくさんの業者がつめかけていた。

顔見知りの人と地震の影響や放射能についての意見を交わしながら、書籍を眺めていると『Sc:issor:ings』の背文字が目に入った。何冊かの本といっしょになって出品されている。「これは!」声がひきつった。『Scissorings』は以前、一度だけ販売したことがある。写真家の宮崎皓一《みやざきこういち》さんが自らの作品ではなく、新聞の写真を切り抜いて並べた本で、そのときはアメリカの方にお買い上げいただいた。頭の中が一気に古本屋モードに切り変わる。この写真集には思い出がある……。

アメリカの方が買った数ヶ月後、いきなりお店に現れたフランスの方にこの本はもう在庫がないのかと訊かれた。どうやらアメリカの方が私から買ったことを伝えたらしい。フランスの方は当時開催されていた東京都写真美術館の「マーティン・パー写真展」のレセプションのために来日したという。

「すぐ帰国するから、いま入手したい、高くてもかまわない」

もともと限定五〇〇部のうえに、宮崎皓一さんの自宅が火事にあったとき、在庫も焼けたとされる希少本。だがしかし、私には心当たりがあった。恵比寿にある古道具屋「アンティークス タミゼ」の書棚に収まっているのを目撃していた。あるところには、ある。その本をわけてもらえれば……古本屋の商魂が芽生えた。フランスの方には、何とかなるかもしれないことを伝えて連絡先を教えてもらった。

すぐに「アンティークス タミゼ」の吉田昌太郎さんに電話した私は、きちんとした買い取り価格を提示し、譲ってほしい旨を伝えた。一冊の写真集の買い取り価格としては高額の提示だったと思う。いまにして思えば当時は日本の写真集が世界的に高値で取引されていた。ところが、吉田さんは承知してくれない。しばしねばってみたが変わらなかった。吉田さんは古本屋ではないが古物商として確固たる実績を積んでいる。ほかには類例のない写真集だし、いま手放せばこの先出会うことがないとにらんだのかもしれない。吉田さんの物選びと空間づくりを尊敬している私は、いさぎよく提示をとりさげた。

　その『Sc:issor:ings』がまた目の前に現れたのだ。さて、どうしよう。あのときのフランスの方の連絡先は控えてある。これはもしやカネになるかも、という手応えを感じた。しかし、もう数年前のことで入手しているかもしれない。本当に買ってくれるだろうか。会場を右往左往して、ほかの本を見るふりをしながら、『Sc:issor:ings』のことばかり考えていた。もしフランスの方が買ってくれなかったら、この本を営業するところから、またはじめればいいではないか……。そう考えた私は、こころに決めた金額を入札用紙に記入した。

　結果はその日の夕方に判明することになっている。会場をあとにして地下鉄で茅場町に戻るあいだも『Sc:issor:ings』が頭から離れない。果たして予想した金額で落札できるだろうか、あるいはほかの業者に持っていかれてしまうだろうか。落札できたら、いったいいくらの値付けをしようか……。きっと高くてもフランスのあの方なら買ってくれるはず……。

夕方になり、私はパソコンの画面の前に座り、結果が表示されるのを待った。しかし、しばらくして画面上に表れたのは「落札品なし」の五文字。何度見ても、たしかにそうあった。やはり「ここぞ」というときに私は弱い。否、むしろ、ふだんから神保町の市場に毎日つめて、入札の競争を繰りひろげている同業者に、ときどき参加するぐらいの私が、この局面で勝てないのは当たり前ということかもしれない。私はうなだれた。

帰宅時、三鷹《みたか》行きの東西線の車両は、節電のため薄暗かった。薄暗かったが、時刻表は通常どおりに回復していた。着席した私は、日本橋、大手町、竹橋をうなだれながら通過した。九段下に到着する手前でふと考えた。珍本を掘り出したいと、つねにまじめに考えることが古本屋の仕事であるならば、今日の『Sc・issor・ings』で自分も再出発を切れたのではないだろうかと。そのとき、少し気持ちが明るくなるのがわかった。

震災後の再出発は、ほどなくして本格的に始動した。開業時にお金が足りなくてつくれなかった対外宣伝誌の古書目録を、出版というかたちで実現化することになった。自分の対外宣伝誌に関心を持ってくれていた、ビー・エヌ・エヌ新社の吉田《よしだ》知哉《ともや》さんが、ついに出版を決断した。

私は、コンサバティブ書店からオルタナティブ書店へ移行した古本屋であったが、もう一つの古本屋の形態、すなわち、「目録専門」のお店に、密《ひそ》かに憧れを持っていた。「目録専門」店とは、例えば、近代詩や美術、建築など、その分野の本に特化した古書目録を制作し、特定のお客さんに配って注文を取る書店のこと。あるじの見識と独断が古書価格に反映される。実店舗はない。例えば、「石神井《しやくじい》書林」の内堀弘さん、「えびな書店」の蝦名則《えびなのり》さん、「港や書店」の中村一也さんが「目録専門」書店にあたる。

一誠堂書店時代から買い集めた対外宣伝誌は二五〇冊ほどに膨らんでいた。一堂に並べてみてわかったことは、これらの本は、とくに意図したわけではないが、一九三〇年代初頭から一九七〇年代初頭に刊行されていたことだ。これは、この間に日本の対外宣伝が活発化したことを示していた。そのなかには、世界に一冊しか確認できない、業界では天下の孤本と呼ばれるものも少なくとも八冊あった。

これらの対外宣伝誌を見ていくと、戦前も戦後も日本人が海外に日本を紹介する際、テーマにするのは、近代化と伝統の二つしかないと思えた。近代化とは、戦前は関東大震災からの復興だった。鉄筋コンクリートのビルや、いくつものボルトが打ち込まれた永代橋、清洲橋《きよすばし》。拡張された昭和通りが、頻繁に取り上げられていた。戦後は、もちろん敗戦からの復興。造船業、テレビ、自動車などの産業、高速道路、新幹線、東京オリンピック、大阪万博、札幌《さっぽろ》オリンピックがめまぐるしく登場した。東日本大震災を経験した私にとって、この対外宣伝誌を紹介することは、自分たちの祖父祖母が、焼け野原の日本を立て直したことを確認することであり、その道を私も歩んでいくのだという気持ちを鼓舞することになる、と勝手に意気込むことができた。

せっかく出版するのだから、より充実した内容にしたい。手持ちの対外宣伝誌だけでも十分だとは思ったが、欲が出てきた。珍本を掘り出したいと、つねにまじめに考えることが古本屋の仕事である。

七月のある日、「明治古典会　七夕古書大入札会」に出かけた。明治期以降からの古書では、最も珍しいものが出品される入札会で、その年は『COMMERCE JAPAN』が売りに出された。『COMMERCE JAPAN』は、名取洋之助《なとりようのすけ》率いる日本工房が、商工省の依頼で製作した当時の日本の輸出品を紹介する雑誌。日本工房の代表作である『NIPPON』よりもデザイン的に優れている。多色刷りで、折込ページもあるから、湯水のように予算が投入されたのだろう。戦前のデザインが、現在のデザインを凌駕《りょうが》していたことをも伝える対外宣伝誌である。これはぜひ、手に入れて本に掲載したい。私は夏休みに旅行する計画を破棄して、全力で入札にあたった。こうして、夏休みの旅行は『COMMERCE JAPAN』に代わった。

二〇一二年一〇月、対外宣伝誌の古書目録は『BOOKS ON JAPAN 1931-1972』としてビー・エヌ・エヌ新社から、一冊の本として出版することができた。

「KAPITAL」との仕事

倉敷市児島《こじま》は、現在、国産デニムの一大生産拠点として知られているが、かつては塩の生産地として栄えた港町だった。児島駅周辺に広がっていた巨大な塩田が、この地に莫大な富をもたらした。

観光名所になっている旧野﨑家住宅は、塩田開発を成功させた一族の住まいで、その豪華絢爛《けんらん》さは、往時の繁栄をいまに伝えている。また、昭和初期に竣工した旧安田銀行児島支店の威容は、塩田事業にかけた銀行のおもいが現れ出ている。しかし、塩田は日本の産業構造の変化とともに斜陽化し、廃れていく運命を辿った。塩田は道路となり、駐車場となり、家電量販店となった。

そして現在、野﨑家の門前はジーンズストリートと名づけられ、デニムの店舗が軒を連ねる観光地になっている。児島は、日本のデニムづくりを支える街に変貌した。

ソニア　パークさんの著書で知り、その後、いくつかのデニムを買い求めていた

「ＫＡＰＩＴＡＬ《キャピタル》」も、児島に本店をかまえている。

その「ＫＡＰＩＴＡＬ」が児島に新しい本店をつくる、という話が私のもとに舞い込んだのは、二〇一三年の六月下旬だった。私のもとに舞い込んだわけは、写真集や美術の本を扱う書店が併設され、将来的には、ギャラリーと映画館も展開する予定だったからだ。「ＫＡＰＩＴＡＬ」のプレスの山本さんが、ショップに足を運んでいた自分を覚えてくれていた。私は新しくできる本屋のお手伝いをさせていただくことになった。

どんな本屋をつくるのか、どんな体制で運営していくのか、早速打ち合わせを行うと、なんと新店舗は、旧倉敷市立児島図書館を改造するという。そしてオープンは九月一四日。準備期間は約二ヶ月で、時間の猶予がない。

この打ち合わせで、私ははじめてデザイナーの平田和宏さんに会った。「ＫＡＰＩＴＡＬ」の洋服を買うと、裏地に「ＨＩＲＡＴＡ」と刺繍されたタグがついていることが何度かあり、その度、「ＨＩＲＡＴＡ」さんという方がデザインしているのだろうと想像していた。初対面だったが、初対面とは思えなかった。

これまで雑貨店の一角に書棚をつくったことはあったが、一軒まるごとという規模の仕事は、自分の店舗をつくるとき以外、経験がなかった。平田さんには、そのことを正直に話して、さらに自分が今回の仕事を担当させていただきたいと伝えた。

いまは使われなくなった旧倉敷市立図書館を改装して店舗にする案件は、地域振興の見本のようなプロジェクトだし、何より、瀬戸内で開催される様々なアートイベントの一端を担いたいという「KAPITAL」の構想に、仕事の可能性の広がりを感じていた。同時に平田さんも承知のこととは思ったが、書店の経営というものが経済的に非常に難しいこともお伝えした。

まずは、旧倉敷市立児島図書館を実際に訪れることが急務だった。七月の猛暑の日、私は児島に向けて新幹線に乗った。児島は、岡山駅で瀬戸大橋線に乗り換えて三〇分ほどの距離にある。

定刻どおり岡山駅に到着し、新幹線を一歩外に出ると、岡山もうだるように暑い。岡山駅では、電車の発着の際に、小柳ルミ子のヒットソング「瀬戸の花嫁」が鳴る。瀬戸内に来たのだという旅情が一気に高まる。

児島駅では、「KAPITAL」の真鍋さんが迎えにきてくださった。児島図書館に到着すると、予想以上に大きくて広い。すでに内装業者の方が作業を進めていた。

書店の名前は「SOHO《ソホ》 BOOKS《ブックス》」。旧図書館の外壁が、赭色《そほいろ》という、赤茶色のような色になっていることにちなむ。

書店のスペースは一五坪ほど。事前に現場に来るのは一回きりだから、写真を撮りまくった。書棚の寸法と設置する本の冊数、予算などの打ち合わせを行う。自分が開業したときの苦労を思い出す。

東京に戻った私は、七月下旬から九月中旬まで、茅場町の店舗を休業することを決めた。書店一軒分の本を集めるのには、探す時間も必要なら、それを保管するスペースも必要になる。この間に開催が決まっていたイベントもあったが、順延してもらうことにした。

オープンは九月一四日。とにかく急がなくてはならない。インターネットの「AbeBooks」はもちろん、東京中のめぼしい同業のお店をまわって、「KAPITAL」の洋服と店舗の雰囲気にふさわしい本の選定を急いだ。エドワード・カーティス、ルイス・ハイン、ウォーカー・エヴァンス、マイク・ディスファーマー……。記録的に暑い日のつづく七月だったが、本は順調に集まり出していた。同業者の方が快く協力してくれたのが嬉しかった。「SOHO BOOKS」内の本のレイアウトもおおかた見当がついた。

「マーチエキュート神田万世橋」での仕事

こうして「SOHO BOOKS」の輪郭がはっきりしはじめたとき、その電話は突如として鳴った。電話の主は塚本太朗さんだった。

塚本さんは馬喰町のアガタ竹澤ビルに、「マルクト」という屋号でドイツ雑貨のお店を運営している。プロデューサーやライターとしても活躍していて、小店が開店したばかりのころに取材してくださったこともあった。

「万世橋駅という駅、知ってる？　今度、その万世橋駅が商業施設として復活することになったんだけど。ライブラリーを併設することになり、その構成をお願いできないかな？」

万世橋駅が、かつて神田駅と御茶ノ水駅のあいだに存在し、駅前の広場に広瀬中佐の銅像がたっていたことは、当時の絵葉書などを見て、知っていた。また、往時のプラットホームがまだ中央線上に残っていて、車窓から見たことも覚えていた。

「オープンは九月一四日。とりあえず概要を説明するから、近いうちにJRの担当の方と会って話をしよう」と塚本さんはいった。

九月一四日といえば「KAPITAL」の「SOHO BOOKS」のオープンの日である。二つの大きな事業を同時に進める余裕は、あるはずもない。しかし万世橋駅の復活という内容に、こころが躍るのを禁じえない。否《いや》が応《おう》でも、私は概要を聞きたくなった。

こうして塚本さんとJR東日本リテールネットの方と私は七月も残すところあとわずかという日の午後、馬喰町のカフェで面会した。

面会してみると、担当の方は、以前、小店でイラスト作品を買ってくださったことがあるとのこと。なみなみならぬご縁を感じながら、詳細な資料をもとに万世橋駅にできる施設の説明を受ける。施設の名前は、「マーチエキュート神田万世橋」。商業施設だが、チェーン店は一軒もなく、東京の東側でがんばっているお店や人たちで展開したいとのことだった。

建設中の「マーチエキュート神田万世橋」も実際に見学に行った。明治四五年建造の赤煉瓦《れんが》の高架がじつに美しい。往時の万世橋駅は路面電車のターミナルとして栄え、駅周辺の神田須田町は銀座と並ぶほどのにぎわいを見せていたと教えてもらう。関東大震災で赤煉瓦の駅舎は炎上。二代目の駅舎は鉄筋コンクリートで大正一四年に再建されたが、昭和一八年に休止になったという。

ライブラリーは、明治四五年の赤煉瓦と大正一四年のコンクリートが混在するエリア。どちらも当時の土木技術・工業技術の粋を結集して建設されたものだ。

私は、この高架の上をSLがもくもくと煙をあげて走る明治四五年を想像した。当時はたしか陸蒸気《おかじょうき》と呼ばれていたと思う。そして、石炭が燃料として必需品だったに違いない。

「駅舎に石炭置場はありませんでしたか」

と私は尋ねた。しかし、答えは意外なものだった。

「万世橋駅が開業したときは、もうこのあたりは電化されていて、石炭置場の必要はなかったと思います。開通式では、お花電車という記念の車両が走っていましたし……」

実際にお花電車を写した、当時の読売新聞の記事も見せてもらった。たしかにパンタグラフと思《おぼ》しきものが見える。

「ただ、暖房はどうしていたんでしょうかね……。ボイラー室がどこかにあった可能性はあります。詳細な図面がありますのでオープン時までに用意しておきます」

私はそれだと思った。この時代に建造されたビルには暖房用ボイラー室がつきものだ。そして、燃料に用いていたのは石炭。

私はライブラリーの構成を担当させていただきたいと申し出た。石炭の影がチラつくこのご縁はまた何事かにはずんでいくような予感を感じていた。

そして、この重厚な建築にふさわしい、重厚な本を集めたいことを確認した。脳裏にあったのは日本工房の『NIPPON』。刊行年がちょうど万世橋駅が存在した時期にかかっている。それに『NIPPON』も当時の日本のデザイン、写真、印刷の粋を集めて出版されたもの。復刻版なら新刊書で求めることができる。この空間でこの雑誌を見る意義があると考えた。

「SOHO BOOKS」と「マーチエキュート神田万世橋」。オープンは両方とも九月一四日。どちらも疎《おろそ》かにできない。輪をかけて目が回るような忙しさになることが確実になった。あらためて気を引き締め直した。

坑夫とデニム

九月一四日。私は、児島の「SOHO BOOKS」にいた。万世橋も今日がオープンだが、一四日は「SOHO BOOKS」にいることを先に約束していた。雨だというのにたくさんのお客さんが駆けつけてくれた。私もカウンターに立ち、会計の仕事を行う。

瀬戸内周辺からだけでなく、東京からのお客さんも多かった。そのなかの一人に大変なデニムマニアの人がいた。私もデニムの細部について話すことが好きなので、色落ちの好みや、かたちの変遷について意見を交換していた。するとその人は、iPhoneを取り出し、収めていた、希少デニムの画像を見せて、解説してくれた。

「これは古いよ！　最古のビンテージ・ジーンズの一つで、サンフランシスコのリーバイス本社に保存されている。名前は『NEVADA 1880s』。ネバダ州の炭鉱で発見されたそうだ」

そういって、破顔した。

いまにも朽ち果てそうな生地だが、古いジーンズの特徴をしっかりとどめていた。
「一八八〇年代、ネバダ州、炭鉱ですか……」といいながら、私はこのデニムを穿《は》いていた坑夫を想像した。デニムは、もともと、そういう起源なのだ。また坑夫の影がチラついてきた。

私の「SOHO BOOKS」での役目は今日までだった。ここから先の運営は、「KAPITAL」のほうで行ってほしいと伝えていた。自分は一人で茅場町の店舗を切り盛りしているため、「SOHO BOOKS」の選書を引きつづき担当することは、片手間の仕事になってしまう可能性が非常に高い。それに、やはり現場で働いている人が、お客さんの嗜好を感じ取って書棚をつくり、書店をつくっていったほうがよいと考えた。そこから緊密なコミュニケーションが生まれ、やがては「KAPITAL」らしい書店が形成されていくことにつながる。スタッフにやりがいがあれば、お客さんも楽しいはずだ。

「本のことがわからなくて、今後、お客さんに訊かれても説明できません」

閉店間際。お客さんがいなくなると、「KAPITAL」のスタッフが不安そうに私に尋ねた。私は一五年まえの自分の姿を思い出さざるを得なかった。一誠堂書店に入社したとき、同じことを私も専務に質問していた。

あのとき専務は私にこう答えた。

「知らないことは、しっかり知らないといえばよい。むしろ、お客さんに教えてもらったことのほうが大切だ」

二〇一三年で一誠堂書店は一一〇周年を迎えた。万世橋駅が完成するよりもまえから、神保町で古本屋をはじめ、今日まで同じ場所で古本屋をつづけている。おそらくこの言葉に間違いはないのだろう。私は、僭越《せんえつ》にも自分がいわれたのと同じ言葉を返した。そして、いったあとに、自分自身をふり返り反省した。いまだ知らないことを知らないとはいえない自分の器を。

「KAPITAL」での仕事が終わり、東京に帰る間際、私は最も基本的なかたちのデニムを一本求めた。このデニムを穿いて万世橋駅へ行き、本当に石炭置場があったのかどうか、図面を片手に歩いてみたくなった。坑夫を想像しながら歩けば、そこにはきっと、何処《どこ》か異界に通じる道が、ぽっかり開いていそうな気がした。

あとがき

神保町で働きはじめたばかりのころ、「ミロンガ」と「ラドリオ」がある路地に、評論家の森本哲郎さんの言葉が掲げてありました。

「新宿や六本木のような盛り場は世界中どこの街にもあるが、神保町のように書店が二〇〇軒近くも軒を連ねる街は世界中どこにもない、これだけで東京は文化都市といえるのではないか」（うろ覚え）

いまにして思えば、これは、現在の「書店」の役割を先取りしていた言葉のように思います。書店が街の文化を形成する有力な担い手だと、読み取ることができるからです。

私はいま、東京・茅場町で書店を営業しています。ビルの趣に惹かれて場所を決めたので、茅場町という地区にこだわりはありませんでした。本来、茅場町は証券会社が軒を連ねる、スーツとネクタイの街です。住む人も少なく、土日になると人影がまばらです。ただ、意外と都心部にあり、どこからでも交通の便のよいところです。東京駅からも歩ける距離なので、日本の各地から東京に来たついでにお客さんが立ち寄ってくれます。これまで店舗を維持できたのは、東京をはじめ日本中の書物と芸術を愛する方々に支えてもらったからにほかならないと考えています。

また、店内は雑誌や広告の撮影スタジオとして利用してもらっています。じつは、この収入が欠くことのできない書店の運営費になっています。このような仕事は、メディア産業が集まる東京だから成り立つことでしょう。その意味では、東京の地場産業に助けてもらい、これまでやってこられたともいえます。

つい先日は、外国の方が、「日本の書店を分析したい」と店舗に来てくれました。「日本のいまの書店は非常におもしろい。まがりなりにも五〇年、日本が先進国としてやってきた成果ではないか」とおっしゃるのです。つまり、本を販売する以外に、朗読や展示、ワークショップ、トークショウを次々に企画する書店が少なからずあり、しかも公や企業の援助を受けることなしに、個人で独立して存続している。この点に注目しているのです。たしかに、このような事業は人々の内発的な知的好奇心を前提とします。コミュニケーションの基盤にもなります。近い将来、日本の書店は、新幹線などと一緒に、インフラとして海外に輸出されていく日が来るのかもしれません。原発よりずっと最新鋭で浸透力のある輸出品ですし、反対する人などまずいないでしょう。

一〇年ほど前、古本屋であり作家の出久根達郎さんが、これからの古書店の展望を称して「古本は二一世紀の旗手である」というスローガンを掲げていました。そのときは絵空事のように感じたのですが、もしかしたらいま、現実のことになりつつあるのかもしれません。本屋は本を販売するだけではなく、人と人をつなぐ場としての役目を果たすようになったからです。そして、そこから読書の喜びが再生されもします。私が本屋をやる理由もこのあたりにあると思います。いまの仕事をできるだけ長くつづけてゆきたいです。

最後になりましたが、ここで、いつも迷惑をかけている奥さん並びに親族にお詫《わ》び申し上げて結びとさせていただきます。

二〇一四年一月

文庫版の長いあとがき

東日本大震災後、東京・丸の内にKITTE《キッテ》がオープンした際、アトリウムに大きな桜の絵画が掲げられました。その桜は、福島県三春町《みはるまち》の「滝桜」でした。私は、それを見たとき、福島だけでなく、日本中の人々の心が復興に真剣に取り組むというメッセージ、或《ある》いは、それでも桜は咲き続けるという生命力の強さを感じ、感激しました。また、東京駅前という日本中の人々が行き交う場所に、このような写真を掲げることに意義を感じました。そこでは涙を浮かべている方もいました。復興の願いが、日本各地に伝わっていくイメージが広がりました。

アトム書房は、原爆投下後の広島で、原爆ドーム前に突如現れた古本屋です。アーティストの山下陽光《やましたひかる》さんの研究と発表によって知られるようになりました。焦土と化した広島で、「原子」を店名に掲げ、古本をはじめ、原爆で溶けた瓶などを進駐軍相手に売ったといいます。「復興」という考えすら持つ事が難しかったであろう混乱のさなか、アトム書房は突然現れました。写真家の木村伊兵衛により撮影された小屋のような店舗を見ると、七五年間、草木も生えないと言われた状況下で立ち上がった人物の、底知れない力が伝わってきます。アトム書房を復活させることで、広島と長崎をはじめ、当時の人々が復興に着手し、それを果たしたという歴史を示すことが出来ると考えました。アトム書房をいま復活させずして、いつ復活させるのだろうかと。

実は「一冊の本を売る書店」のコンセプトは、このアトム書房とセットで考えていました。復活させたアトム書房の営業内容を「一冊の本を売る書店」にしようと計画していました。しかし、運営のあり方を相談しているうちに、原子爆弾の惨禍が前提になることや、もしかしたら、話題性がビジネスにつながってしまうかもしれないことを考え、アトム書房は止《や》めることにしました。

私が現在、銀座一丁目で開いている「一冊の本を売る書店」とは、小説なら著者の文具を展示したり、お花の本なら実際のお花を売ったり、写真集ならオリジナルプリントを飾ったり、一種類の本から派生する展覧会を行いながら、その本を販売する形態の書店です。著者をはじめ、編集者やデザイナー、カメラマン、本に関わった方々が店舗にいて、読者であるお客さんと言葉を交わしつつ本を販売することを目指しています。これを実現するのに、銀座一丁目に残る鈴木ビルほど適切な場所はありませんでした。なんといっても、ここには戦前、名取洋之助が率いる日本工房が入居していました。日本工房は、当時の日本の対外宣伝誌を刊行した組織で、スタッフには、カメラマンとして土門拳、デザイナーとして亀倉雄策《かめくらゆうさく》など、多士済々が参加していました。日本工房のメンバーが戦後の日本の出版の礎を築き、また、牽引《けんいん》していったのは確かなこと。このような歴史的背景のある場所で現代の出版イベントを行うことに意義を感じました。ちなみに日本工房は銀座にゆかりがあり、鈴木ビルに入居する前は、交詢《こうじゅん》ビルに事務所を構え、その前は泰明小学校の脇に建っていた徳田ビルに入居していました。仕事を終えた日本工房のメンバーが銀座の街にくりだした光景が想像できます。

二〇一五年五月五日、いざ営業をはじめてみると、冒頭にも書きましたが、世界中からお客さんが来てくださるようになりました。クロアチアのテレビ局や、ブラジルの新聞社からも取材を受けました。とりわけ、アジアの隣国からのお客さんは多く、開店して数ヶ月すると、ほぼ毎日のように来てくださるようになりました。

二〇一六年の暮れのある日、上海《シャンハイ》から一本の電話がかかってきました。「明後日一八時三〇分に訪問したいが、いますか」と電話の主は流暢《りゅうちょう》な日本語で言いました。張りのあるネイビーのトレンチコートを着て、重厚な革の鞄を持った方が、定刻通り、店舗に現れました。いただいた名刺の職業は弁護士。事務所の住所は上海ヒルズ。その方は次のように言いました。「ここにはたくさんの中国の若者が訪れている。彼等《かれら》と何でもいいから話をしてほしい。どこから来たかとか。少し話をするだけで、お互いの印象はずいぶん違ってくる。買い物だけではもったいない」。かつて大阪の大学に留学した経験があり、今晩はこれから銀座で会食とのことでした。それだけ言うと扉を開けて去って行きました。去り際も見事で、短い時間でしたがとても印象に残りました。

二〇一九年には、深圳《しんせん》にある書店からトークイベントの依頼を受けました。深圳には、成田空港から直行便で行くルートと、香港《ホンコン》経由で入るルートがあり、どちらも五時間ほどのフライト。近年は、IT企業が集中し、アジアのシリコンバレーと呼ばれ、人口がここ四〇年で三〇万人から一三〇〇万人以上に増えるなど、急速に拡大している都市として知られています。

行ってみると、確かにその通りで、空港から中心部に向かう途中、超高層ビル群が右側に見えてきました。マンハッタンのようだと思っていると、同じ規模の超高層ビル群が、もう一つ左側にも現れ、驚きました。

トークイベントでは、いまの日本の書店が、本の販売に加え、人々のコミュニケーションの現場になっている事例を紹介しました。参加者からの質問にも驚きました。「あたらしいアイデアはどのように思いつくのですか」「イノベーションを起こすにはどのようにすればいいですか」などなど。参加者は、書店のことだけでなく、発想の源に関心があったのです。質問も止まりません。新しいものを生み出そうとしている人のエネルギーが満ちていて、自分もここに事務所をほしいと思いました。帰り際、書店の方が次のように言いました。「一〇年後を楽しみにしてください。深圳のGDPは一昨年《おととし》香港を抜きましたが、上海や北京《ペキン》も抜く自信があります」。GDPのみでものを見るのもどうかとは思いますが、終始、もっとおもしろい書店をつくろうというパワーが伝わってきました。成田行きの搭乗を待つ空港で、ふと、勇気を持って一歩を踏み出すとしたら何だろう、と考えたりしました。

銀座に移転してから、銀座に関する本を紹介する仕事が増えました。『センチメンタルな旅』は、荒木経惟《あらきのぶよし》・陽子夫妻が一九七一年に新婚旅行に出かけたときの写真集で、行き先は京都、柳川《やながわ》、長崎。一見、銀座とは何の関係もないように見えます。しかし私は、この写真集ほど銀座の気配が背後に感じられる写真集はないと思っています。というのは、荒木経惟の代表作と目される「舟の上の陽子」に、資生堂の包装紙が写り込んでいて、それが銀座のイメージを全体に与えているのです。なぜ資生堂の包装紙を持参したのかはわかりません。しかし、荒木と陽子さんが、当時銀座にあった電通で知り合ったことや、荒木の写真展が伊東屋の裏手にあった「キッチンラーメン」で行われたことを考えると、銀座と夫妻の深い縁が浮かび上がります。その象徴として資生堂の包装紙が写真に出現しているように見えてきます。この後も続く夫妻の旅は、銀座からはじまったと。

また、銀座の喫茶店でよく打ち合わせをするようにもなりました。銀座の喫茶店に入る時に役に立つのが村松友視さんの『銀座の喫茶店ものがたり』です。カフェーパウリスタや千疋屋《せんびきや》、ランブル、ブリッヂなど四五軒の喫茶店が紹介されています。お店の歴史を知れば、その印象が違ってきます。例えば、千疋屋の起源は天保《てんぽう》五年の昔まで遡れるそう。村松友視さんは喫茶店について以下のように述べています。「一杯の珈琲《コーヒー》から恋の花咲くことはもちろん、喫茶店がデートの場所として、欠くべからざる存在であったのは言うまでもない」。銀座の喫茶店にセンチメンタルな思い出のある人はけっこう多いのではないでしょうか。

二〇一九年の三月、『銀座百点』編集長の田辺夕子さんから「一九六四年の銀座を撮った写真があるのだけれど、ご興味ありませんか」という電話をもらいました。早速、東銀座のとあるバーで写真のコピーを見せてもらうと、そこには、一九六四年の東京オリンピック開催に沸く銀座の街と人々が写し出されていました。和光、銀座三越、三愛ドリームセンター、GINZA《ギンザ》 SIX《シックス》の前身の松坂屋。これらの銀座を代表する建物は、どれも亀倉雄策のデザインによるポスターや万国旗などが飾られ、街ゆく人々の表情やしぐさは活気に満ちていました。アメリカ東海岸の「アイビールック」に影響を受けた「みゆき族」の姿もありました。写真を撮ったのは伊藤昊《いとうこう》というまったく無名の写真家。伊藤昊はすでに二〇一五年に逝去していたことを田辺さんからききました。

もともと写真が好きだった私は、伊藤昊の銀座の写真の全貌が知りたくなり、ほどなくして、伊藤昊の浦和のご家族を訪ねました。伊藤昊自身の手によって現像された銀座の写真が一五〇枚ほどのこされていました。奥様の伊藤公子さんは次のような話をしてくれました。「これらの銀座の写真は二〇歳ころに撮影したもの。当時は校舎が新宿にあった東京綜合写真専門学校で写真を学び、写真を撮っていたのは知っていたが、沢山のプリントを目にするのは初めてだった。カメラマンとして三五歳まで活動をしたが、以降、陶芸の道に転じ、晩年まで益子《ましこ》で作陶をつづけた。

そのためこの写真が人目に触れることはほとんどなかった。没後に仕事場を整理していたら、二階の片隅に「写真」と書かれたダンボール箱が二つ置いてあった」。公子さんが銀座のギャラリーをまわっているうちに『銀座百点』を手に取り、編集部に相談したのでした。

二〇歳のころに開催した写真展の芳名帖《ほうめいちょう》ものこされていて、それには、高梨豊や須田一政《すだいっせい》、篠山紀信《しのやまきしん》といった名前がありました。会場には木村伊兵衛も訪れていたそう。伊藤昊は将来を属望《しょくぼう》されていた写真家だったのかもしれません。公子さんは、「なんで写真をのこしたのだろう」とも。ご自宅をあとにするころには、写真集を出版する考えを固めていました。

ここから本格的に伊藤昊の写真との付き合いがはじまりました。伊藤昊の写真を一枚一枚ながめる日々。伊藤昊の写真に限ったことではありませんが、写真の良いところは、見る側のイメージを広げてくれる点にあります。

こうして写真を見ているうちに、伊藤昊の銀座の特徴が徐々に見えてきました。銀座は、明治維新後に煉瓦《れんが》街になって以来、欧米からの文化を移入し続けてきました。六〇年代の銀座には、シャンソン喫茶・銀巴里《ぎんばり》が健在で、現在も続く喫茶店トリコロールもありました。しかし伊藤昊がより見ていたのは、コーラのマークや、モータリゼーションの到来など、アメリカのイメージでした。伊藤昊の写真には、アメリカへの憧れ、新しく生まれるもの、都市の繁栄が感じられます。経済成長を続ける日本の良い部分が見て取れます。アメリカのイメージを探して銀座の街を歩く伊藤昊の姿が立ち上がってきました。

一方、同時代には、社会の暗部や学生運動、忘れ去られようとしている風景、敗戦の記憶をテーマとした写真家たちがいました。伊藤昊の場合も、例えば、写真にゴミ箱やたばこの吸い殻を取り込むことにより、繁栄の裏側を暗示していたように思います。また、掃除や靴磨きの仕事をする人、時代に置いていかれそうな商店とその店主らしき人を取り込むことにより、繁栄を支える人々の存在も忘れませんでした。

年が明けて二〇二〇年になり、いよいよ、写真集づくりが本格化しました。出版の予定日は、オリンピック開催が迫る五月五日。六四年のオリンピックとの比較に意義があるだろうし、何より、売れると思いました。文字のフォントは、六四年の東京オリンピックのポスターと同じものにしました。紙も六四年のポスターと同じものにしようと考えましたが、前年に誰かが在庫のすべてを買い占めていて、同じ紙がありませんでした。

掲載する写真の順番を考えているとき、あることに気づきました。出来上がる写真集が、ロバート・フランクの『THE AMERICANS』のテイストに似たものになることが予想されたのです。もしかしたら、若かりし伊藤昊は、直接、ロバート・フランクの影響を受けていたのかもしれない。そこで公子さんに連絡をとり、ご自宅に『THE AMERICANS』やロバート・フランクの本がのこされていないかを確認してもらいました。しばらくすると、公子さんが、伊藤昊の友人に訊《き》いてくださり、伊藤昊がロバート・フランクに興味を持っていたことがわかりました。銀座版の『THE AMERICANS』をつくろうと企図していたという確証はありませんが、もしそうなら、銀座のなかのアメリカのイメージを撮っていたことに頷《うなず》けます。

ただ、大切なのは、ロバート・フランクは、どこかアメリカの社会を斜に見ていたところがありますが、伊藤昊は、銀座に表れたアメリカを肯定的に捉えていたということです。伊藤昊にとって銀座のアメリカはあくまで憧れの対象だったように思います。

五月五日の出版にむけて、すべてが順調に進んでいた矢先、コロナウイルスの感染拡大が生じました。森岡書店は銀座にあります。二〇二〇年二月の第四週から、ご来店のお客さんが激減し、感染拡大防止のためトークイベント等が中止になっていきました。三月末に二〇二〇年東京オリンピックの延期が決まったときは、さすがに、この写真集の出版も中止にしようかと考えました。毎日の営業が覚束《おぼつか》なく、先行き不透明ななか、けっこうなお金をかけて、けっこうな数の写真集をつくることに不安を感じました。しかし、そのとき、出版を後押ししてくれたのは、伊藤昊の写真そのものでした。あらためて写真を見返した私は、「社会にある矛盾を感じつつも、街や人々の明るさに目を向けていた。六四年の銀座に希望を見た伊藤昊の写真が、コロナ禍のいま、人々を元気づける力になるかもしれない」と考えました。

三密を避けるため、印刷所の稼働が慎重になったこともあり、『GINZA TOKYO 1964』は、予定より少し遅れて、五月一一日に森岡書店より刊行しました。印刷は富山県で行いました。本来なら自分も印刷に立ち会いたかったのですが、移動が制限されたため諦め、プリンティングディレクターの熊倉桂三《くまくらかつみ》さんに一任しました。でもこのことが結果的に良い方向に向かいました。熊倉さんは六四年当時、銀座で働いていました。古いフィルムが熊倉さんの手により絶妙なトーン調整をされ、活気がありながらも当時を偲《しの》ばせるソフトな仕上がりになって再出現しました。

この時期は緊急事態宣言が出され、「銀座」の森岡書店は休業していたので、オンラインで販売をはじめました。六月の第一週から、予約制で店舗を再開し、ようやく「銀座」の店頭で「銀座」の写真集を販売することができました。コロナ禍の影響を最も大きく受けた銀座です。森岡書店の近所、銀座一丁目二丁目の東側だけでも、飲食店やギャラリーなど、何軒お店がなくなったでしょうか。

あるとき、銀座七丁目で長くバーを営む方から「写真集を三冊買いたい」という電話がありました。住所をきいた私は、お店まで持参しました。マスターは写真集を開くと「なつかしい……。六四年のオリンピックは敗戦から一〇年くらいで手を挙げたわけでしょう。人々に強さがある。うちのお客さんに配りたい」。どんなに大変なときでも、夢や希望の方を見ようとするのが、銀座の街と人の特徴であり、それが受け継がれているのだと思いました。

伊藤昊の写真は、銀座だけではありません。実は、横浜のなかのアメリカを撮ったシリーズも自身の手によって現像されています。カラーで撮った銀座の写真もネガで、少なくない枚数がのこされています。また、最近知ったことですが、なんと伊藤昊には、福岡の炭鉱を撮ったシリーズがあるようなのです！　伊藤昊の写真の全貌があきらかになるのは、まだこれからです。近い将来、銀座のどこかで、それを知る展覧会が開催されることが望まれます。そのときは、マスクをはずし、面と向かって伊藤昊の写真の感想を話せることを祈りながら。

二〇二〇年一二月現在、コロナウイルス感染はいまだ世界中で拡大していますが、前述の通り、日本では、銀座が最も影響を受けた地域の一つになりました。銀座は、人々が喜びを共有するハレの場であり、また近年は、商売のあり方がインバウンドのお客さん向けにシフトしていました。緊急事態宣言が発令されたときの人影のない街をSF映画のワンシーンと評する人も多くいました。

銀座の歴史を地元の人に聞いてみると危機が五回あったと言います。最初は一八六八年の明治維新、二つ目は一九二三年の関東大震災、三つ目は一九四五年の敗戦、それから一九八〇年代のバブル期の地上げ、そして二〇〇八年のリーマンショック。銀座の人たちはその度に銀座を復興してきました。

今回のコロナ禍でも、「銀座玉手箱」というフェアが企画されました。各商店がそれぞれの店の商品を持ち寄り、玉手箱という名の箱に詰めてお客さんに届けました。おそらくどの店舗もそうだと思うのですが、根底にあるのは、コロナ禍収束の後にはまた銀座に来てほしい、忘れないでほしいという、願いに近いものだったと思います。売上げだけでは成立しない企画です。それだけ切実なものがありました。

銀座の街もコロナの影響で変わる可能性があります。例えば、二〇〇〇年代に銀行の統廃合があり、不要となった銀行の店舗がブランドのフラッグショップになりました。そこにインバウンドのお客さんが集まり、それが銀座の活性化につながったと言います。いま大切なのは、妄想でもかまわないので、まずはイメージを拡《ひろ》げることではないでしょうか。

尚《なお》、文庫版の、都会の荒野で馬にのっている私の装画を描いてくださったイラストレーターの山口洋佑さんとは、茅場町に店舗があったころに知り合いました。お客さんとして来てくださったのがきっかけです。その後、一緒に絵本をつくろう、という企画が立ち上がり、ストーリーを考えたり、修正したり、版元を探したりしました。その間、およそ一〇年。ご縁が重なり、この文庫版と同じ二〇二一年に出版できることが決まりました。この絵本からも、今後、何か突拍子もないことがはじまりそうです。

二〇二〇年一二月

解説

酒井順子

書店、それも大きな書店に行く度に抱くのは、

「こんなにもたくさんの、そして様々な種類の本を、すべて『本』という一言でくくってしまってよいのだろうか？」

という感覚なのでした。

マンガが読みたい人は、マンガの本を買う時に、テーマパークの入場料を支払うのと同じような気持ちなのではないか。純文学の棚に向かう人は何らかの救いを求めているのかもしれず、一冊の本が宗教のような働きをすることもありましょう。はたまた技術書や解説書の類は、一種の道具のような存在感を放っています。

マンガも純文学の小説も技術書も、そして雑誌も絵本もガイドブックも、すべて文字や絵などが印刷された紙を綴《と》じた「本」という物体ではあるのです。しかしその機能は多岐にわたり、書店の客達も皆、てんでばらばらの欲求を抱いて、そこにいる。

大きな書店にいると、そんなわけで私はしばしば孤独感を覚えるのでした。ここ

にはたくさんの本があるけれど、その多くは自分とは全く関係のない本であり、ここにいる人達も皆が本好きというわけでもない。……と思うと、林立する書棚が一瞬、壁紙のように見えるのです。

その孤独感が嫌いなわけでは、ありません。巨大書店で一人、漂流しているかのような気持ちを味わうのも、時には悪くない。

一方で、書店主の趣味によってセレクトされた本が並ぶ書店に行くと、本がぐっと迫ってくるような感じを覚えます。そこに並ぶ本達は、

「私、どう?」

「手に取ってみませんか」

と声をかけてくるかのようで、大型書店で感じた孤独感は霧散。その書店に来ている人もまた、同好の士なのだろうと思われるのです。

書店の規模が小さくなると、このように本と人との関係性の密度は増していきます。間口は狭ければ狭いほど、その先に実は広大な世界が広がっているのかもしれません。

そういった意味において、森岡督行さんの森岡書店は、究極の〝間口が狭い〟書店です。なにせ、売られている本は一冊。「好きな本を選んでください」ではなく、「この本を読むといいですよ」

という店主の強いメッセージがそこには存在するのであり、書店に足を運ぶ人も、そのメッセージを求めている。……ということで、孤独を感じようがありません。

売られている本が一冊であるからこそ、その本を書いた、そしてつくった人の思いも、書店には展示されます。本は単なる物体ではなく、人そのものなのではないかと思う時がありますが、森岡書店はまさにそのことを証明するお店なのでしょう。一冊の本だけを売る、というお店の話を初めて耳にした時、私は驚き、かつ「素敵だ」と思ったことでした。それというのも今を生きる我々は、どこかで「抜き差しならない関係」を求めている気がするから。

戦後の日本人は、他者と深く生々しい関係を持つことを避ける方向へと、どんどん進んでいます。個人商店ではなく量販店に行けば、誰とも口をきかず、楽に買い物をすることができる。訪問より電話、電話よりメール……と、コミュニケーションの取り方はどんどんライトな手法に。恋愛や近所付き合いも面倒だという人は増え、さらにはコロナの影響によって、ますます濃厚な接触はしにくくなってきました。

しかしだからこそ揺り戻されて、じかに「触れたい」「会いたい」「関わりたい」という欲求が、一部の人の間では増しているように思うのです。とはいえどのように接触を深めたらよいのかわからない人も多い中、一冊の本と、そしてそれをつくった人々と確実に触れ合うことができる森岡書店は、貴重な存在なのではないか。

選択肢をただ広げることが親切なのではなく、狭めてあげることもまた親切。……ということで、様々な分野にセレクトショップが登場している中で、「一冊だけ」というセレクトは、潔いものです。選択肢が多い・少ないではなく、選択肢が「無い」。ずいぶん閉鎖的なようでありながら、実は多くの人を惹《ひ》きつける「森岡書店」の仕組みがどのように育まれていったかが、「荒野の古本屋」には記されています。


本書を読んで私がまず思ったのは、森岡さんはたいそう「開いて」いる人である、ということです。昭和初期の建物である中野ハウスに住み、散歩と古書店巡りに耽《たん》溺《でき》していた若き日々の話を読んでいると、自分の世界に閉じこもっているかのような印象を持ちますが、しかしその若者は、変なところが開けっぱなしなのです。

森岡書店は写真集の扱いを得意とする書店ですが、森岡さん自身は子供の頃から写真好きだったわけではなく、神保町《じんぼうちょう》を散策している時に藤原新也「メメント・モリ」と衝撃的な出会いを果たして、写真集の世界に深く潜っていきます。人であれ本であれ、出会うことに対して躊躇《ちゅうちょ》しない姿勢がそこには見られるのです。

中野ハウスに住み、宝塚劇場でアルバイトをしつつ、

「現代のメディアからの情報をできるかぎり遮断して、昭和一六年の情報に切り替

えれば、正確ではないが、ある程度の当時の臨場感を追体験できるのではないか、ということで当時の新聞を読み続けるという発想にも、驚かされました。「過去留学」とでも言いたくなるこの行為は実に面白そうで、私もしてみたくなった。

この時に読んだ、真珠湾攻撃当日の朝日新聞によって、森岡さんは人生を変化させます。その新聞に広告を出していた一誠堂書店が、一九九八年の朝日新聞にも求人広告を出しているのを見て、「応募するしかない」と、決意。海外留学をして視野を広げ、自身の進む道を決める人は多いかと思いますが、森岡さんの場合は過去に留学することによって、道を拓《ひら》いたのです。

閉じているようで開いているという森岡さんの姿勢は、その後も保たれ続けました。茅場町で昭和初期の建築を見れば、

「ここで古本屋をやりたいです」

という言葉がほとばしり出てきて、本当に独立。仕入れに出向いたチェコでは、バスの中で本好きの日本人女性と出会って、助けを得ます。書店開業後も、カフェでの偶然の出会いから縁が繋《つな》がって写真展を開催し、さらには撮影スペースとしての活用も……と、業態が確立されていくのです。

森岡さんのこの姿勢は、多くの人に希望をもたらすことでしょう。開業や起業というと、幅広い好奇心を持った野心的な人が踏み切る印象がありますが、森岡さん

の場合は、好きなこと、興味のあることだけに没入していった結果として、おのずと独自のやり方を発見しています。外より内、未来より過去、過剰より僅少……という価値観に惹かれる私のような者も、森岡さんの前進の仕方に、わくわくしてきました。

現代は、本という物体そのものが過去のものになりつつあります。紙の本は、いずれ電子書籍にとって代わられるだろう、と巷間《こうかん》ささやかれてもいる。

しかし石炭置場がある昭和初期の建物を愛する森岡さんは、石炭のような存在になってしまうかもしれない本の力を、信じています。お客さんが店内で本の写真を撮ることにも快く応じて、少しでも安く買うことができる手助けをし、同業の人々とも協力し合って仕事を進めていく様子は、本の過去と未来とを育んでいるかのよう。

森岡書店にあった写真集が万引きされ、大捕物の末にやっと手元に戻ってくるという事件もありました。万引きをした人は病気の治療のために東京に来ていた、写真好きの男性。後に彼は、その写真集を買うために森岡さんの店を再び訪れた。……という話は、森岡さんが持つ「本を育む心」が伝わった結果なのだと私は思います。

東日本大震災の後、被害に遭った東北の書店の方々にお話をうかがったことがあります。生きることに必死にならざるを得ない人々は、もう本など必要としないのではないか。書店の未来は無いのではないか。……と書店の方々は思っていたけれど、営業を再開したところ、多くの人が、

「開店を待っていました」

と、押し寄せたのだそう。

コロナ時代となって以降もまた、本の必要性は見直されています。自由に外へ出られなくなった時、人々は本を欲しました。入場制限がかかった書店に行列ができている光景も目にしましたし、実際に出版各社の売り上げも伸びているというではありませんか。

確かにネットの世界は便利だけれど、苦しい時こそ、紙の本が人の心に灯をともすことを、我々は忘れていません。書店はそんな人々にとっての、心の拠《よ》り所なのです。

本を読むことは、心を閉じることではなく、開くこと。一冊の本は世の一灯となるのであり、その灯《あか》りを求めて人々は狭い間口に集まってくるということを、本書は教えてくれるのでした。

（さかいじゅんこ／エッセイスト）

本書のプロフィール

本書は、晶文社より二〇一四年刊行の同名の単行本を加筆修正し、解説を加えて文庫化した作品です。

小学館文庫

荒野《こうや》の古本屋《ふるほんや》

著者　森岡督行《もりおかよしゆき》

二〇二一年一月九日　初版第一刷発行

発行人　飯田昌宏
発行所　株式会社　小学館
〒一〇一-八〇〇一
東京都千代田区一ツ橋二-三-一
電話　編集〇三-三二三〇-五六一七
　　　販売〇三-五二八一-三五五五
印刷所――大日本印刷株式会社

ISBN978-4-09-406861-0